中国期货市场效率与风险研究

张小艳 著

中国财政经济出版社

图书在版编目（CIP）数据

中国期货市场效率与风险研究/张小艳著．—北京：中国财政经济出版社，2010.8

ISBN 978-7-5095-2335-3

Ⅰ.①中… Ⅱ.①张… Ⅲ.①期货市场-研究-中国
Ⅳ.①F832.5

中国版本图书馆CIP数据核字（2010）第127363号

责任编辑：林治滨　　责任校对：王　英
封面设计：邹海东　　版式设计：兰　波

中国财政经济出版社出版

URL：http：//www.cfeph.cn

E-mail：cfeph@cfeph.cn

社址：北京市海淀区阜成路甲28号　邮政编码：100142

发行处电话：88190406　财经书店电话：64033436

北京财经印刷厂印刷　　各地新华书店经销

880×1230毫米　32开　6.875印张　206 000字

2010年9月第1版　2010年9月北京第1次印刷

定价：20.00元

ISBN 978-7-5095-2335-3/F·1878

（图书出现印装问题，本社负责调换）

本社质量投诉电话：010-88190744

摘 要

本书结合现代金融分析理论的三个里程碑（即EMH假设、CAPM模型和B—S偏微分方程），以实证检验和数理推导为工具，以有效市场假设为基础，对我国期货市场的效率和风险问题进行了较为系统的研究。

1. 对有效市场假设进行了实证方面的检验。一方面，运用单位根结合自相关检验的方法以及应用方差比检验对随机游走假设进行检验，从而基本认定铜、大豆 、小麦期货市场是弱式有效的；另一方面，结合协积方法论证小麦期货市场和大豆期货市场同样呈弱式有效市场状态。这些结果说明中国期货市场经过近几年的治理整顿开始从无序走向初步规范化发展，表明中国期货市场能比较有效地对市场信息作出反应，市场化程度较高，也进一步证实了我国期货市场对资源的合理配置及其对经济发展所起的积极作用。

2. 对有效市场假设的理论内涵进行了更深入的探讨。对于任何一个金融市场，有效市场假设都不能始终成立。必须承认市场在一定程度上是无效的，也就是说，至少市场会偶然的失效。而且，正是这种偶然的暂时性失效为在市场进行套利和成功的投机提供获取利益的机会。有效市场假设逻辑基础中存在着内在矛盾，市场的有效性是依靠市场的套利和投机活动来建立的，而套利和投机活动是有成本的；如果市场每时每刻都是有效的，则不会存在套利机会，投机活动也将是无利可图的，套利和投机活动就会停止，而市场也就不能保持效率。即经计量方法证明呈弱式有效性的商品期货市场，必然会出现暂时性的失衡，也就是说市场不可能时时有效，只能从总体上看是有效的。也就是说，投机者对信息变动的反映会导致暂时性的市场失衡，但充分的套利行为这一市场自我纠正机制将使这种暂时性失衡回复到均衡。

3. 在 EMH 假设的基础上讨论了期货价格的相关问题。商品期货价格是否是未来现货价格的无偏估计，一直争议颇多。通过对郑麦和连豆协积方程的参数进行长期无偏性假设检验，验证结论证实商品期货价格是未来现货价格的无偏估计。另外，基于国外一些实证研究结论，发现期货价格与远期价格显著不同，笔者认为，风险管理制度也许是导致二者差别的重要原因。笔者以涨跌停板制度为例，通过构造一个较复杂的无套利投资组合，并结合以 B—S 偏微分方程为基础的数理推导，以期证明期货价格对持有成本理论价格的偏离。

4. EMH 得到了资本资产定价理论（CAPM）的有力支持。现代金融经济学的重要问题之一是权衡风险和预期收益的量化问题。虽然，人们普遍认为诸如股票市场之类的风险投资其回报一般应高于无风险投资，然而，也只是在资本资产定价模型创立以后，经济学家们才能够从数量上分析风险与其为承受风险而得到的回报之间的关系。资本资产定价模型的前提是建立在资产的预期收益对于其市场投资组合收益的方差为线性的关系上。CAPM 模型在马柯维茨提出的以方差作为风险度量的基础上构建了一个风险与收益关系的模型，根据该模型，一个人如果获得了额外的收益，并不能说明市场的无效，而可能是他承担了额外的风险。本书对中国期货市场的效率作了深入研究基础上对无条件 CAPM 模型进行了考证，发现我国期货市场 CAPM 模型并不适用。

5. 对我国期货市场风险管理体系的完善进行了深入探讨。中国期货市场经过了十多年的发展，但是，由于中国期货市场的监管体系不够健全，中国期货市场一直未能充分发挥其套期保值和价格发现的功能。解决这一难题，需要政府监管和自律管理这两个互补手段良性互动。另外，我国三级管理体系的各机构，都应该引入风险量化机制来控制风险。通常，仅仅是量化风险的行动就足以驱使风险的减小。近年来国外兴起一种金融风险管理工具 VaR（风险估值模型），它不仅有助于信息披露，也是一种比较好的风险控制工具。

••• Abstract

As we know those three theories, including the efficient market hypothesis (EMH), CAPM model and B – S Model for Option Pricing, are the bases of modern financial analysis. In this paper, I analyses the Chinese futures markets' efficiency and risk measurement by econometrician and symbolic logic methods.

Firstly, I test the efficient market hypothesis. If prices follow a random walk model, this implies informational efficiency. Since presence of a unit root is not a sufficient condition for a random walk, we need to test for the presence of autocorrelation in residual. At the same time, VR test is important because an important property of the random walk hypothesis is that the variance of random walk increments should be a linear function of time. MVR test provides a procedure for the multiple comparison of the set of variance ratio estimates with unity. Furthermore, the use of cointegration technique to test efficiency of futures markets proves that future spot and futures price are cointegrated. The conclusions tell us the Chinese furures markets react more quickly to market information than before and begin promote the economic development.

Secondly, I probe into the theoretics meaning of EMH. EMH won't be always efficient to a financial market. The financial market will be inefficacy to some extent. However, the temporary inefficacy makes the arbitragers and investors gain. There are inherent contradictions in EMH: the arbitragering and investing activities promote the market efficient but all the activities are nor free. If the market is be efficient for ever, the arbitragering and investing activities will disappear. The demonstrations tell us the Chinese futures market is efficient, but the market cannot always be efficient. Speculators may conduce the markets unbalance for a while. Sufficient arbitragers as a self – determination mechanism will induce the markets to get back balance.

Thirdly, I study some questions about futures prices bases on EMH. Whether commodity futures price is the unbiased estimator of future spot price or not is a disputed question. The conclusions basis on the test about the wheat and bean cointegration equations tell us the proposition is true. Some foreign research conclusions find futures price is different from forward prices evidently. I approve price limits maybe one reason by constructing a portfolio.

Fourthly, CAPM model which is consistent with EMH measures the relation of risk and return. It is very important of the tradeoff between risk and expected return in modern finance. The economists cannot dertermine the quantity relation of them until CAPM is eslablished. The precondition of the model is being linearity casuality between the expected return of an asset and variance of the market portfolio. CAPM model construct a model bases on risk and returns, which proposes the excess returns maybe come from the excess risk. I prove the unconditional CAPM model is not fit for Chinese futures markets by statistical methods.

Fifthly, I propose some viewpoints about the Chinese risk management system. Chinese futures markets have been development more than ten years. However, the markets faultily bring into play the functions of expecting future spot price and hedge. To deal with the problem it is nessary of government controlling and self – discipline. Furthermore, the institutions of the third – class management system should introduce risk measurement mechanism to control risk. We should pay more attention to how to harmonize the relations of government wardship and self – discipline wardship and induce them to control risk by the way of risk measurement and system innovation. VaR is good to information disclosure and dismissing risk.

目 录

1 导 论

1.1 我国期货市场目前存在的问题

我国期货市场经过这十几年的发展，尽管取得了一定的成绩，但是我们不能不看到在这之中所出现的问题。这些都是由于我国发展期货市场是在不很成熟的情况下开展的，各方（政府、期货交易所、期货经济公司、期货投资者）对期货在制度建设、风险控制方面的认识理解不足，造成了在监管上的漏洞，使风险事件屡有发生。中国期货市场目前主要存在以下几大问题：

1.1.1 市场操纵问题

商品期货市场的价格操纵是一个无法回避的难题。在许多成熟的期货市场仍然存在着价格操纵，基于中国期货市场的现状，价格操纵也是不可避免的。受利益的驱动，期货市场中不乏欲牟取暴利的投机者，采取散布谣言、联手做市、虚假交易、买卖双方联手违约等不法手段企图垄断价格和操纵市场，从而损害其他投资者的利益，影响期货交易的正常进行。

在我国期货市场发展的初期，因市场操纵引发的期市风险事件是频繁发生的，现阶段风险事件有所减少。如1995年11月广联所的“籼米事件”；1996年的“豆粕系列逼仓事件”；1995年的“327”国债风波；1995年的苏州“红小豆602事件”；1995年的海南“棕榈油M506事件”；2003年8月郑商所“硬麦WT0309合约”连续11个跌停板事件和2002年5月大商所A205巨量交割等等均与市场操纵有直接或间接的关系。

1. 中国商品期货市场操纵行为表现。我国期货市场的操纵行为主要体现在以下四个方面：

（1）利用大户资金优势，进行逼仓，获取超额利润。原因在于我国期货市场处在不成熟阶段，参与者还不广泛，市场规模很小，流动性也较弱，现行期货市场制度也存在一些漏洞。

（2）利用合约设计、交易交割制度不完善，进行操纵价格。在合约设计方面，交易交割制度方面，以及头寸限制和实物交割的困难都为大户操纵市场提供了可乘之机。

（3）囤积操纵者控制或支配可供交割的现货商品数量，垄断商品价格。囤积是商品期货与现货间最常见之操纵行为。

（4）利用手中的权力或影响力，动用行政干预来操纵价格。

2. 中国期货市场操纵行为的成因分析。从以上对我国期货市场操纵行为的表现形式看，其造成我国期货市场进行价格操纵的原因有以下几点：

（1）信息披露制度的不完善，造成信息不对称。价格操纵者利用期货市场的隐蔽性，促使其在与对手信息不对称的情况下，提早建立了自己操纵市场的大量头寸，进行价格操纵。

（2）套期保值不足，使市场缺乏与价格操纵的校正力量。由于缺乏套利交易的有效制约，加上部分投机者的推动，操纵者在操纵行情时不用顾忌市场通常对价格空间的制约，助长了操纵者操纵市场的愿望。

(3) 上市品种结构设置不合理，合约设计不完善。

(4) 期货市场制度建设滞后，交易所缺乏动态的风险监控、完善的保证金制度、大户申报制度、持仓限制等。

1.1.2 交割制度不完善

由于我国的期货市场是“新兴加转轨”的市场，既存在一些历史遗留下来的老问题，也存在由于经验不足、在发展过程中产生的新问题。这些使得各交易所的交易规则及实施细则还难以完全适应期货市场风险控制的要求。

1. 保证金方面。保证金制度体现了期货交易特有的“杠杆效应”，决定了期货市场的流动性和运行效率，同时也成为交易所控制期货交易风险的一种重要手段。目前，中国期货市场采用一种静态的保证金制度（即实行比例保证金制度），这种制度对控制期货市场整体风险起到积极作用，但由于没有根据市场实际风险进行计算与调整，不利于提高交易者保证金的使用效率。它与市场实际风险不完全“对应”，当宏观经济相对稳定，影响价格因素较少、价格波动较小时，或者对一些价格波动较小的品种，保证金显得过高；当宏观经济发生较大变化，影响价格的因素较多、价格风险较大时，或者对一些价格波动较大的品种，保证金常常显得不足。

2. 持仓管理方面。根据《期货交易管理暂行条例》、《期货交易所管理办法》及交易所相关制度规则，目前，中国各期货交易所普遍采用以大户持仓报告制度和限仓制度为主的持仓管理制度，从管理持仓的方面加强对市场风险的控制。目前，国内期货市场通过持仓管理控制风险方面还存在一些不足，较为突出的问题之一是持仓报告和检查标准等规定较为宽松。

3. 交割环节。交割是连接期货和现货两个市场的纽带、桥梁，其重要作用是不容忽视的。尽管目前对交割环节的细则做了许多详尽的规定，但是仍然有不尽全面的地方。某些规定对交易所赋予过大的权力，某些环节受人为因素影响，给交易所、交割仓库留下了影响市场正常进行的空间。

1.1.3 套期保值交易严重不平衡

由于期货市场具有价格导向和风险转移的基本经济功能，所以它成为现代市场经济的重要组成部分。实际的运作表明，期货市场功能是否能正常发挥，套期保值交易起着非常重要的作用。在我国，套期保值的交易失衡，已经阻碍了期货市场功能的发挥和期货市场的稳步发展。由于统计上的困难，暂时无法对国内3家期货交易所的套期保值和投机的比例作精确的统计。但是从2000年度的上海期铜保值交易量和年交易总量之比来分析，可得出卖出保值和投机的比例为1∶27，买入保值和投机的比例为1∶82；从两者的保值量占年消费量来分析，卖出保值的比例为36%，买入保值的比例为12%。由此，可以看出保值交易的绝对量还偏小，一方面参与保值的生产、消费企业对其产量和消费量的保值还较低；另一方面，还有相当一部分的生产、消费企业（尤其是后者）没有进入期货市场。

究其原因主要表现在主观认识和客观环境两个方面：

1. 对套期保值的主观认识不足。问题集中反映在经纪公司和期货交易所中有一部分决策者没有从战略的高度认识套期保值交易发展直接关系到期货市场的生死存亡，没有把发挥套期保值的功能放在创立期货市场的始点和终点上。尽管目前各交易所已经颁布了套期保值管理办法，但是对于套期保值者在实物交割、交易保证金和手续费方面的优惠措施较少。另外，过度的投机交易，影响了入市会员和交易者进行套期保值的积极性。这样的情况，其结果必然是期货价格严重偏离现货价格，期货市场的功能无法正常有效地发挥。

2. 套期保值的客观环境条件不足。

（1）中国期货市场上市的品种还只是少数，缺乏为更多商品套期保值的环境。

（2）某些品种的市场容量过小，使得套期保值很难有合适的运作空间。

（3）期货市场与现货市场关联性较差因而加大了套期保值的难度和风险。

（4）在期货交易所指定的交易规则中，没有给套期保值者提供更多相应的优惠和便利严重打击了保值者的积极性。

（5）交通运输不畅造成套期保值实践上的困难。

（6）对套期保值的宣传不力，过于强调投机是期货市场的润滑剂，忽略了套期保值重要功能的作用。

1.1.4　交易所风险预警制度不够完善

伴随着天然橡胶近三年的牛市行情，上海天然橡胶期货（以下简称：沪胶）迅猛发展，2003 年沪胶的成交量与成交金额分别比 2002 年增长了 653% 和 869%，成为 2003 年世界上增长最快的期货品种之一，沪胶也在 2003 年成为国内期货市场最具活力的期货品种，一度占据了国内整个期货市场 32.9% 的市场份额。但辉煌是短暂的，从 2003 年的顶峰到 2004 下半年的没落只一年不到的时间。事实上，在往日的繁荣中已经孕育着危机。沪胶经历的多次风险事件，不能不是说一种征兆。

如发生在 2004 年 4 月的多头弃盘及 0407 合约事件。在这次事件中，原沪胶的主力多头不堪库存的压力开始翻空，连跌 3 个跌停板，希望能再次利用交易所的规则出逃，与 2003 年 4 月份的事件相似。但比 2003 年的多头幸运的是，4 月 23 日尾盘进入的新多资金（其主要席位集中在金牛期货、实达期货、上海东方这 3 家公司）扮演了救市主的角色，让原主力多头顺利的出场。在替交易所及原多头主力解围后，新多资金同样面临着变现困局，不得不在0407与0408合约上进行软逼仓。7月、8月要交割的现货达到近20万吨，多头差不多得动用近30亿元的资金。如果多头无法筹集到足够的资金交割，可能会造成大量的违约，整个市场面临着巨大的风险。最后，主力多头先是通过期转现，然后通过仓单质押的方式，期间虽然有点风波，但还算比较平稳的完成了0407合约的交割，也让整个市场松了一口气。2004年7月22日，深圳证监局曾向其辖区内的期货公司发出过一份名为《关于进一步规范市场行为，加强风险控制的紧急通知》，在通知中严厉批评了深圳某家期货公司，该期货公司允许客户在仅有仓单质押，没有现金配比的情况下大量持有多头头寸，进入交割期后，因客户无力及时足额交纳交割款，被交易所划走结算账户的所有资金，造成整个公司交易被迫中断，使得部分客户无法提取保证金。事情低调处理，也给违规公司留了后路。这样，0407合约风波终于平息，并没有出现最坏的情况。在这些风险事件中，虽然上海期货交易所事后都比较好地化解了风险，但事前的风险预警制度明显不足。面对期货价格严重违背现货价格、不同合约极为不合理的价差和巨额的交易所库存，上海期交所事先采取的风险控制措施少之又少，依然沿用了老的风险控制管理规则。市场上也普遍怀疑交易所为了达到活跃市场的目的有故意纵容沪胶主力操纵价格的嫌疑。应该说，在交易所洞察了主力多头逼仓的企图之后，如果能果断的采取一些预先的风险控制措施，至少2004年4月份的多头弃盘事件是完全可以避免的。仅在0407合约完成交割后不久，上海期货交易所就在2004年8月份公布了新的风险控制管理规则，其中修改的内容总结了天胶的教训。相比旧的规则中只注重事后处理，新规则更加注重了事前风险的预警，事中风险的控制，并针对风险积聚的各个阶段采取不同措施。新规则的出台也标志着交易所在监管思路和风险控制措施上一个很大的进步。

1.1.5 期货经纪公司存在较大的隐患

1998年对期货交易所的规范与整顿，期货交易所通过取缔与合并后只剩下3个交易所，期货市场结构趋于合理。但是，在期货市场中分担市场风险的期货经纪业，却存在着风险隐患。

1. 期货经纪公司数量过多，分布严重失衡。目前在中国期货业协会注册的期货经纪公司会员共有189家，其中广东26家、上海25家、北京20家、江苏12家、辽宁11家、浙江11家、山东10家，这7省市共计114家（约占60%）。这些地区的经济都较发达，商业资本的流通较快、且数量较大，这给期货经纪公司提供了一个良好的发展平台（资金的充足流入、同时因中国期货市场的恢复性发展，其交易量逐渐放大）。而内陆地区由于信息闭塞，意识与沿海差距较大，商业流通资本进入期货市场的较少，许多内陆期货经纪公司因收入太低而不得不面临长期亏损。这种情况实在不利于我国期货市场的发展，同时存在较大的风险隐患。

2. 期货经纪公司存在金融风险。期货经纪公司为客户管理着交易保证金，具有准金融性质，其经济效益不佳可能引发经纪公司打擦边球，挪用客户保证金、或用于弥补亏损及补充自有流动资金、或参与其他项目投资追求效益、或者通过自营与大户联手操纵期货价格。在这种情况下，当行情出现异常波动或投机方向错误造成更大的亏损时，必将导致严重的金融风险。

3. 期货经纪公司制度不完善，管理不严。随着中国证监会对期货经纪公司的治理整顿，期货经纪公司只能在规范下运作，各种管理制度、交易制度应该越来越完善。但是，由于效益不佳，许多期货经纪公司把主要精力用于开发客户，出现拉客户提成这种非正式从业人员的存在，这些人员良莠不齐（专业素质一般较差），严重影响了期货经纪公司的信誉。同时，由于缺乏专业人员对客户进行指导、培训，在对客户账户的管理中，缺乏风险控制，允许客户透支交易，当出现风险后又强制平仓，造成了严重的后果。如前诉的天胶事件，深圳某期货经纪公司允许客户在仅有仓单质押，没有现金配比的情况下大量持有多头头寸，致使公司交易被迫中断，使得部分客户没有办法提取保证金，给投资者和公司都带来了一定的损失和不良后果。

1.2　我国期货市场的制度性分析

按照新制度经济学的观点，金融市场反映的是人与人之间的关系，是一种制度形式，而且金融市场创新也是一种制度现象。根据新制度经济学关于市场的定义，期货市场也属于制度的范畴，这样就可以给期货市场下一个制度性的定义，即期货市场是一套有关期货交易的规则、惯例和组织安排，它通过提供这些规则和组织安排界定交易主体在期货交易过程中的选择空间，约束和激励交易主体的交易行为，降低交易费用和市场竞争中不确定性引起的金融风险。由此，我国期货市场的发展就是市场制度的引入与制度创新、变迁过程。因此，要解决我国期货市场目前存在的问题，应该从制度建设与完善方面着手分析。

1.2.1　期货市场的制度缺陷

虽然我国期货市场近年来有一定的恢复性增长，但是由于完善的市场制度规则尚未建立起来，因而目前期货市场明显存在诸多的制度方面的缺陷和阻碍。

1. 规则缺陷。正式规则不足，机会主义行为较多，违规风险较高；非正式规则缺乏约束，信用观念淡薄。正式规则和非正式规则是制度的主要组成部分。目前我国期货市场的正式规则主要有一个“条例”、四个“办法”等，法规不够严密，部分条目已不适应期货交易的需要，缺乏一套完整的市场运作制度。在非正式规则方面，我国企业和居民信用观念普遍淡薄，对不讲信用行为在道德和意识形成领域缺乏有效的约束。

2. 结构缺陷。市场主体不足，缺乏个人和专营机构；交易品种有限，产品创新不足。我国期货市场主体存在以下一些问题：一是现货商直接进入期货市场特别是农产品期货市场进行保值交易还不够广泛；二是主体结构单一，业务单一，规模不大，实力不强；三是主体结构不合理。金融机构不能参与期货交易，各类基金不能进入期货市场并且还没有期货投资基金。我国期货市场当前面临的一个严重问题就是品种匮乏，这使期货市场难以发挥其应有的作用。我国期货市场在规范整顿过程中，上市品种由35个减少到12个，而实际上市交易的只有6个，活跃的只有2~3个。

3. 功能缺陷。一方面，我国期货市场的套期保值力量严重短缺，期货市场的供给先天不足；另一方面，发展初期期货市场过度投机盛行，而投机资金的逐利特点，决定了其具有高度的不稳定性。这使得我国期货市场上大多数交易品种没能充分体现价格发现功能，转移价格风险的功能更无从谈起。

4. 机制缺陷。期货品种的入市、退市机制不科学、不合理，期货交易所会员制不完善等。

(1) 品种的上市：国际期货市场的成功经验告诉我们，一个成功的交易品种是由市场自行选择、优胜劣汰的，交易所有权研究和决定上市品种并及时向监管部门备案。但是，我国期货市场的上市品种必须经过交易所、中国证监会和国务院层层上报审批，既违背了市场的效率原则，又不利于培育和研发好的交易品种。

(2) 品种的退市：品种的退市也是一个市场自然选择的过程，缺少人气、不受市场欢迎的品种自然没有生长的土壤，迟早会自生自灭。期货价格短期的局部波动和偏离现货基础，不能视作一个期货品种本身的毛病而勒令其关停退市。

（3）就会员制交易所而言，其交易手续费较低，能吸引更多的市场参与者，防止场外交易，会员制的非盈利性质减少了交易所自身的道德风险和逆向选择，能减少期货制度变迁中的许多不利因素。但是由于体制方面的原因，我国的会员制并不完整。一是会员资格在很大程度上仅代表交易权利，在参与交易所的管理上还有很大的局限性；二是期货交易所存在着产权关系不明晰，财力有限并抗风险能力不足，监管相对较严并缺乏创新动力和实力等问题。

1.2.2 政府监管的制度缺陷

新加坡中航油事件给中国期货业发展带来极大的震动，有关期货市场的监管再次引起国内期货界的重视和反思。较早的上海天胶期货由于巨量交割遗留大量现货实质上是一颗即将引爆的炸弹。始于 2001 年的中国期货市场恢复性增长让业界对中国期货市场寄予较高的预期，而事实上存在的监管问题也不容忽视。期货市场的健康成长成为国家相关部门关注的话题。本书试图用制度经济学有关理论解释中国期货市场的监管问题。

制度经济学认为，期货市场的产生是一种制度创新，而一种制度创新必须是在其预期净收益大于预期净成本的条件下才能被创造出来。期货市场产生的根本原因在于它有降低交易费用的功能。具体是通过降低契约成本与履约成本，降低信息成本，减少风险成本，从而提高了市场的运行效率。制度一旦形成，若在给定的一般条件下，不能给经济中任何个人或任何团体带来额外的收入，则这种制度安排就是一种静止的状态。但这仅仅是一种理论的假定，制度不均衡才是永恒的、绝对的。这种制度不均衡必将诱发制度变迁，而这种制度变迁就是制度的替代转换过程。

制度创新依照动力方式和过程的不同，可分为两种基本形式，即诱致性变迁和强制性变迁，有时又详细称为需求诱致型和供给主导型。依照动力源不同，可分为市场自发推动型和政府主导驱使型。所谓需求诱致型表现为“由一个人或一群人在响应获利机会时，自发倡导、组织和实现的”自下而上的制度变迁，也就是说，制度的重新安排是在单个行为主体为谋求在现存制度下得不到的利益而产生制度变迁的需求所引发的。与此相对应，供给主导型则是由“政府法令引起的变迁”，它是一种由上而下的制度变迁。在这种变迁中，国家的作用至关重要，我国期货市场的制度变迁，带有明显的供给主导型特征。正是中国经济体制不断深化的改革导致了现有制度外潜在收益的生成，为了获取这些潜在收益，政府和一些社会团体逐渐把眼光聚焦到期货市场这种制度创新上来。基于此认识，我们不难理解，中国期货市场不论在制度建设的本身，还是在运行过程中，管理层对市场的行政性、政府性干预都渗透着政府的意图，体现着政府的价值取向与宏观经济改革的偏好。政府主要存在的监管问题有：

1. 非正规约束没有得到应有的重视，从而导致监管制度的适应性效率不高。中国期货市场的监管制度从无到有，制度建设速度确实很快。在短短的十余年，监管体系基本建成，我们许多监管制度的规定都已经达到了西方发达国家期货市场的规范程度，并且在细节上也相当完善。但是，许多引进的监管制度和方法效果很差，制度的适应性效率不高。因为引进的制度，往往是照办、照抄，没有考虑到中国的国情，没有考虑到制度实施过程中所面临的独特的非正规约束。因为制度变迁具有路径依赖，所以作为人们在长期交往中无意识形成的、具有持久生命力并构成代代相传的文化的一部分的非正规约束，对当期或未来的制度变迁将不可避免地施加影响。无视或忽略这种影响都会导致制度设计和运行过程中出现偏差。中国期货市场十余年监管经历从反面说明了非正规约束的重要性。

2. 正规制度的变迁不及时，正规制度仍不足。在中国期货市场发展过程中，正规制度建设滞后，在经历近 10 年无明确目标和指导的茫然发展后，直至 1999 年 6 月 2 日，中国才制定出第一部比较系统的《期货交易管理暂行条例》。在此之前，中国期货市场基本靠临时文件救急。正规制度变迁的不及时，使中国期货市场的演变无论从宏观看还是从微观个体来看都付出了惨重的代价。虽然“条例”及其配套的4个管理办法的制定与实施为中国期货监管的规范化开了个头，但是期货监管体系是一个庞杂的制度系统，除了对正式的“期货法”的需求，中国期货市场在市场监管细则的制度建设方面还有许多工作要做，单纯的“条例”及其管理办法还是远远不够的。

3. 制度变迁缺乏稳定性。中国期货市场虽然已产生了10余年，但期货市场仍停留在“试点”的水平上，期货市场的自上而下的危机始终存在。制度经济学认为，当一项制度安排的预期净收益超过预期成本时，一个社会内部就存在改变现有制度和产权结构的企图。但是，中国期货市场这种“去存”未定的不确定性增加了人们对制度变迁的预期风险，人们对风险厌恶增大，制度变迁的外部诱因的影响减小。在这种情况下，监管者拆东补西，朝令夕改，闹得期货市场参与者人人自危。中国期货市场这种忽冷忽热、忽阴忽晴的发展在很大程度上与其监管制度缺乏稳定性有关。可以预见，只要期货市场仍没有取得正式的“名分”，其制度变迁不稳定的风险总是存在的。

4. 强制性制度变迁为主，诱致性制度变迁太少。监管制度的安排以强制性制度变迁方式为主。由于外部收益还不能形成足够强大的诱因来促使自愿性的制度安排创新，所以监管过程中诱致性制度变迁不足。现有的监管制度大部分都是由政府强制安排的，与纯粹自愿的方式相比，强制性制度安排虽然能节约制度创新的组织和实施成本，但是由于缺少一致同意基础，在实施过程中，被监管者常常阳奉阴违，制度变迁的绩效大幅衰减。中国期货市场上某些风险和违规违法操作屡禁不止，很大程度上是因为政府在安排制度变迁时没有考虑到期货市场参与各方的得失。人们遵守制度安排的净收益往往小于违规操作的预期净收益，这使得强制性制度安排的结果可能适得其反。相比较而言，诱致性制度安排虽然可能会在达成一致同意方面花费较多成本，但这种制度变迁中的利益是稳定的和可预期的，参与者的利益得到了兼顾，从而制度的安排也是稳定的，实施效果偏差减小，监管成本随之降低。

当我们说一种制度是有效率的时候，是指一种制度“参与者的最大行为导致产出的增加”；当我们说一种制度无效或缺乏效率的时候，是指一种制度下人们的最大化行为“不能导致产出的增加”。本来，期货市场应该是一种有效率的制度，但是这种效率能否在它的发展过程中充分发挥出来，很大程度上取决于它的市场化程度。不过，我们在承认中国的期货制度表现为政府主导的供给型主客观性之外，也必须认识到，这种制度安排，隐含了今后市场化进程中对原有的体制的“路径依赖”，即制度的效应会随着制度的实施而递增并呈现自我强化的机制。由于政府的价值取向与市场价值取向偏差的进一步发展，就会使得强制性制度变迁的低效因素成为制度创新的阻力。极有意思的一个例证就是，中国的证券市场也是孕育于计划经济向市场经济体制转换的土壤之中，以政府主导的强制型制度变迁也是它的必然选择。在今天股市低迷的状态下，人们开始讨论股市为何开始失去吸引力，依照制度经济学的分析方法，其原因就在于，在转轨经济中，国家信用在中国的证券市场中过度倾斜，即“隐性担保契约”给市场参与主体带来了额外的利润，即由体制安排产生了“政策租金”，从而导致了“寻租”现象的发生，进而使得中国证券市场深层制度弊端重重。其中，一是产权制度不完善，产权不清；二是证券市场功能的体制错位；三是市场投资主体的制度性缺失；四是公司法规结构的体制性障碍；五是资本功能的制度性残缺。中国的期货市场尽管未达到此种程度，但由于两个市场的起始制度安排的共性，较早引以为鉴，应该是一种明智的选择。

1.2.3 期货市场的制度创新与完善

由于现有的期货市场制度安排存在以下因素的限制：规模经济、外部性、厌恶风险和市场失灵等，使得可能增加的潜在收入不能在现有制度结构内实现。因此，必须选定新的制度安排，进行制度创新，设置新的游戏规则。为保持竞争力，市场必须能够跟上技术革新的步伐和客户需求的变化，而市场监管者则必须使他们的监管体系尽可能简化，充分利用新技术提供的高效性手段，努力使监管规则更加适应现代市场的需要。所以，为了适应新技术的发展和应用，期货市场监管应该具有一定的灵活性。改善制度的建议如下：

1. 专项法律制度。法律环境对期货市场的发展起着重要作用，决定着期货市场的定位、规模、功能发挥和发展空间。我国现行的《期货交易管理暂行条例》及相关管理办法具有诸多明显的限制性条款，其中部分内容已经与目前经济发展对期货市场的需求不相适应，相当程度上制约了期货市场的发展，因此需要尽快进行修订和完善。同时，需要加快立法进程，争取《期货法》早日出台，为期货市场的发展创造适宜的法律环境，促进期货市场的可持续发展。规范发展尤为重要。期货市场的发展是建立在现货市场充分发育的基础上，需要有与之相配套的一系列外部条件。而目前中国经济体制改革中的许多深层次问题还没有到位，金融体制外贸体制的改革还没有到位，人民币还没有实现自由兑换，国企产权关系没有理顺，国企参与期货交易的许多法律、财务关系还没有解决。这种情况使期货市场的规范发展显得尤为重要。监管部门应注重立法规范的作用，加快有关期货方面的法律建设步伐，使期货市场在健全的法律规范下逐步发展。

2. 市场主体培育制度。市场主体培育制度应突出以下几个方面：

(1) 培育综合类期货公司。对期货公司实行分类管理，允许综合类期货公司发起设立基金管理公司，推行管理账户、代客理财、转委托业务，开展自营业务，进行境外期货业务代理试点等。

(2) 鼓励现货相关行业企业入市。现货相关行业企业广泛参与期货交易，对于增强期货市场所发现价格的有效性和应用性，在临近交割月实现期货市场价格向现货市场价格的有效回归和趋同性，都是至关重要的。

(3) 适时设立期货基金并允许金融机构入市。设立期货投资基金将在提高期货市场稳定性、扩大市场规模和增强市场流动性方面发挥积极作用，也为中小投资者在期货市场提供高风险高收益的投资渠道，有利于保护中小投资者利益。

3. 市场品种创新制度。我国期货市场当前面临的一个严重问题就是品种匮乏，这使期货市场难以发挥其应有的作用。为了解决这一问题，对于以发挥其应有的作用。为了解决这一问题，对于农产品期货，应尽快推出玉米、大米、棉花、白糖、豆油、油菜籽等关系国计民生的大宗商品；对于工业品期货，应加紧石油、黄金等能源及矿产资源品种的研究开发；对于金融期货，应积极进行国债期货、股指期货以及外汇期货的调研设计。

4. 交易所体制创新制度。我国期货市场应根据发展情况，在进一步规范和完善会员制管理的同时，选择市场运行规范稳定并交易活跃的期货交易所，借鉴国际期货市场成功经验进行公司化改造试点，在妥善处理盈利机制和一线监管关系的基础上，积极探索期货交易所体制创新的有效途径，切实解决期货市场发展的根本问题。

5. 重视和发挥交易所、行业协会自律管理的作用。进一步健全和完善政府监管、行业自律管理和交易自律管理的管理体制，逐步减弱政府监管的行政干预色彩。政府应主要致力于创造一个良好的外部市场环境，使市场参与主体在有效竞争中，在考虑到利益驱动和生存发展的条件下，发挥自我约束的主动性，从而降低监管成本，减少监管套利的可能性。

6. 风险防范制度。由于对风险的厌恶，影响了期货市场交易规模的发展，要促使市场主体克服对风险的厌恶，就必须创新或引入防范和控制风险的制度，将市场风险控制在最低，为市场主体提供足够的能够比较准确的评价风险的根据。

7. 作为政府的监管，需要不断增强诱致型制度变迁，形成较大的外部收益，促使自愿性的制度创新。具体措施包括：明晰期货交易所的产权制度；放宽期货公司的经营范围；品种上市市场化选择；完整意义上的做市商制度的引入；金融期货品种的逐步推出；政府及行业组织监管的合理定位等等。

1.3 相关理论综述

1.3.1 期货市场的效率

国内外有关期货市场效率研究的相关文献大致可以分为两类：一是把期货市场效率等同于资本市场有效性，在此范畴下研究期货市场的效率问题；二是从经济学中成本和收益的范畴来界定期货市场的效率问题。

有许多学者直接把关于资本市场效率研究的成果应用于期货市场效率问题的研究。期货市场有效性假说已经为学术界和期货从业者所广泛关注，有大量的文献讨论这一问题。按照市场有效性的分类，检验的方法也可以分为三大类：弱式效率检验、半强效率检验和强式效率检验。直接套用资本市场效率的研究成果会忽视期货市场与资本市场在功能和作用方面的区别，存在着严重的局限性。从市场功能的观点看，资本市场的基本功能是实现资金在借贷者之间有效率地转移。期货市场属于衍生证券市场，期货市场的基本功能是实现风险的转移（套期保值）和价格发现，而不是通过期货市场直接实现资源配置。这种在功能上的区别造成上述研究难于全面反映期货市场的效率。Colin A. Carter（1999）回顾了有关商品期货研究的文献，认为现有的文献过分强调技术问题，缺乏经济内涵。殷晓峰（2001）从制度经济学的角度定义了期货市场的效率。认为期货市场的效率取决于收益和成本之比。该界定的优点在于可以涵盖期货市场的功能与作用，以及期货市场自身的风险性而带来的成本。

因此，我们认为有必要在更广泛的角度上理解期货市场的效率问题。期货市场的效率不仅是指期货价格的配置效率和期货市场的运行效率，还可以体现为期货市场的功能效率。期货市场的效率从静态上讲，就是在一定的运行成本之上，实现收益的最大化。期货价格能够及时、全面地吸收市场信息，对风险进行合理的定价，实现市场的配置效率；给定交易服务费用，投资者可以获得尽可能便宜的服务；应该能够集中体现市场的功能和作用，反映期货市场对整个经济效率的贡献，反映自身的负面影响。从动态上看，就是在实现配置效率、完善市场功能和充分发挥其作用的前提下，不断地提高市场的运行效率，降低运行成本。

价格本身是资源配置的一种方式，期货市场所具有的价格发现功能可以改善现货市场的价格质量，降低价格搜寻的成本，进而提高现货市场的资源配置效率。因此，期货市场的价格发现效率具体表现为：

1. 价格预测效率。价格预测效率反映期货价格预测的能力，即期货价格是未来现货价格的无偏估计。期货价格代表将来的现货市场的价格的预测，有利于企业生产、库存管理有利于帮助现货市场实现一段时期后的供求平衡。期货市场价格发现效率的检验就是通过数据分析来判断期货价格是否为现货市场价格的一个无偏估计。

2. 信息效率。即期货市场价格对市场信息的处理能力和对现货市场价格的指导作用。在成熟的期货市场上，期货价格能更有效率地反映新的市场信息，进行有效的定价；期货市场所具有的一些特点使得期货价格领先于现货市场的价格变化，这从另一个侧面反映了期货市场的信息效率。

期货市场的效率还可以体现为对现货市场风险的转移、配置。现货市场的风险来源于价格的波动，因此，价格的波动变成经济活动的一种成本（风险）。价格风险会影响企业生产的连续性。价格变动导致利润的波动，导致企业陷于财务困境。期货市场可以转移不利的风险，诸如难以多样化的风险，不能通过多样化消除的系统风险。企业风险的转移还会降低融资的风险，有利于降低公司融资成本，增加企业获得资金的便于程度。因此，期货市场的效率在风险转移方面可以由套期保值的效率来反映。当然，期货市场不是免费的午餐，它是有成本的。期货市场效率研究的另一方面是研究它（波动性研究）对现货市场的影响，即是否促进现货市场价格的基本稳定性。

1.3.2 有效市场假说的国内外研究综述

受牛顿经典物理学成就的影响，经济学家们将经济学看成类似于物理学那样的一门精确的科学，金融学领域亦是如此。现代金融分析理论的建立和发展有三个里程碑：

1. 现代金融理论始于 Markowitz（1959）资产选择理论以及 Sharpe（1964）、Lintner（1965）等人创立的资本资产定价模型（Capital Asset Pricing Model，CAPM），CAPM 成了资产定价和度量风险的基本模型。

2. 1960 年 Samuelson（1965）、Fama（1965）的有效市场假设（Efficient Market Hipothysis）提出，认为证券价格充分反映了市场信息，并遵循随机游走。

3. 对实践应用最重要的突破为 Black - Scholes (1972) 的期权定价模型 (Model for Option Pricing), 成为现代金融分析的支柱, 被广泛应用。从有效市场假说以及建立在此基础之上的金融分析理论来看, 金融变量遵循随机游走既是有效市场假说的结论也是金融分析理论的基础。而对"获利"的定义倘若没有统一的界定, 那么只要找到市场上有人利用新信息的到来赚到了钱的例子便可以否认市场的有效性。在这一方面, EMH 得到了资本资产定价理论 (CAPM) 的有力支持。

法玛 (Fama) 于 1965 年为有效市场理论作了总结, 正式提出有效市场假说 EMH (Efficient Market Hypothesis), 有效市场假说使得概率论在金融分析领域内有了用武之地。长期以来, EMH 在金融学中占据着中心位置, 从 EMH 提出以后, 每年都有大量的论文讨论它。Fama 对有效市场的经典定义是: 在一个有效的市场中, 证券价格总是充分地反映了已知的信息。Fama (1970) 曾说, EMH 使得所有基于现有信息之上的交易策略想获得超过市场均衡所预期的利润的希望统统落空。在 EMH 发表的那段时间, 大量的理论发展出来以说明有效市场假说之正确, 同时也出现了大量的实证研究, 这些实证研究几乎全部都是支持 EMH 的。可以说, 整个现代的金融体系, 尤其是现代的证券分析体系都是建立在 EMH 理论和实践的基础之上的, EMH 的发源地芝加哥大学也仿佛成了当时金融理论的世界中心。

有效市场假说虽然没有断言市场必然是有效的, 更没有说市场价格的必然运动遵循随机游走 (Random Walk), 但是如果一个市场是无效的, 那么可以肯定市场上资产的价格绝不会是随机游走。换句话说, 如果市场价格被证明是随机游走, 那么这个市场也就是有效的。而现代的金融分析理论都是在马柯维茨的资产选择理论的基础上建立起来的, 所有的这些模型都是以方差作为风险的度量, 并且假设标的资产的价格运动符合高斯过程。其中主要的原因在于高斯分布在数学上比较好处理，建立在高斯分布假设上的模型都可以找到简洁而优美的解，典型的代表如 Black - Scholes 的期权定价模型。如果标的资产的价格运动不符合高斯过程，那么，现代金融分析模型所得出的结论就值得怀疑。所以，无论是研究模型的学者还是运用模型的实践人员都希望资产的价格运动遵循随机游走。

对 EMH 的实证验证主要是针对弱式有效和半强式有效展开的。验证主要集中在几个方面：对证券价格运动的随机检验；考察市场对信息的到来是否产生迅速而又准确的反映；考察如果没有信息到来时，市场价格是否有波动。许多早期研究的结果基本支持期货市场有效性假设。在一个有效率的期货市场中，随时间变化的期货价格呈现随机波动的特征，即期货价格反映了市场参与者可得到的所有信息，任何期货市场的价格变化都与历史的价格变化无关。Working（1934），Cowles an Jones（1937），and Fama（1965）等通过检验价格连续变化的相关系数是否为零的办法来验证市场的效率。Fama（1976）and Cornell（1977）证明期货价格变化服从随机游走过程（random walk process），支持期货市场满足效率假说。Larson（1960）利用 1922～1931 年和 1949～1958 年间美国玉米期货价格的日收盘价数据，根据序列相关检验的方法研究了期货市场的有效性问题，结果表明玉米期货价格的变动不具相关性。运用序列相关和游程检验等方法，Pretez（1975）研究了悉尼期货交易所羊毛期货市场，根据 1966～1972 年间的收盘价数据，检验的结果表明羊毛期货价格变动不具相关性，即羊毛期货市场是弱式有效的。随着研究的深入，许多学者也发现了一些期货市场非有效的证据。Stevenson and Bear（1970）依据 1951～1968 年间的数据研究了美国玉米期货市场，他运用了序列相关和游程检验等不同的检验方法，虽然没有找到期货价格波动具有相关性的强烈证据，但是他发现根据过滤法则可以取得某些大的利润机会，认为应该拒绝随机波动的假设。Weston（1985）使用游程检验和光谱分析等方法研究了纽约金属交易所、温伯尼期货交易所和悉尼期货交易所的黄金期货市场，发现黄金期货市场存在非有效性的因素。

国内学者对中国期货市场有效性的研究起步较早，但成果数量不多。徐剑刚（1995）最早使用序列相关检验和游程检验的方法研究了郑州商品交易所上市交易的玉米、大豆和绿豆合约1994年9月份期货合约的历史价格数据，实证检验的结果表明绿豆期货价格变动具有显著的相关性，玉米期货价格变动存在着相关性，而大豆期货价格变动不具相关性。王志强、徐亚范和朱丽红（1998）采用序列相关检验方法和游程检验方法对大豆9605、大豆9705、大豆9805进行了检验，结果表明市场价格波动服从随机游走过程，接受大连商品交易所市场是弱型有效的假设。商如斌、伍旋（2000）同样采用序列相关和游程检验方法研究了上海金属交易所的铜、铝期货合约中1998年248个交易日的收盘价数据，实证的结果表明，铜、铝期货价格前后不具有相关性，呈随机波动，即我国铜铝期货市场满足弱式有效市场假定。然而侯晓鸿、曾继民和李一智（2000）采用自相关系数研究了期货市场上的不同合约，认为当前我国商品期货市场还未达到弱型有效的结论。但是，若期货价格序列存在异方差和非正态分布特征，序列相关检验和协积检验是不可靠的，即使在自相关不显著的情形下，变量间仍然存在相关的可能。而游程检验作为非参数检验方法，虽然不要求期货价格服从正态分布的假设，但它的统计检验势非常低。相比之下，方差比方法则更为可靠，Lo & Mackinlay通过大量仿真试验得出结论：无论正态和同方差条件成立如否，方差比方法均优于传统的检验方法。国内该方法的研究文献较少，程希骏（2003）对中国股市ST板块运用异方差情形下的方差比统计量来检验第三类随机步游。在本书中，笔者则同时应用序列相关检验和协积检验，并结合两种方差比统计量来检验第一类和第三类随机步游，同时应用多元方差比检验方法对结论进一步进行分析。

1.3.3 关于资本资产定价模型的国内外研究综述

现代的金融分析理论都是在马柯维茨的资产选择理论的基础上建立起来的。EMH 得到了资本资产定价理论（CAPM）的有力支持。金融学上对“获利”的定义为：在不承担额外风险的情况下获得额外的收益。这一定义在实践中的困难在于对额外风险的度量上。CAPM 模型则在马柯维茨提出的以方差作为风险度量的基础上构建了一个风险与收益关系的模型，根据该模型，投资者要想在有效市场上获得额外的收益，必须要承担额外的风险。这就说明，一个人如果获得了额外的收益，并不能说明市场的无效，因为还有一种可能是他承担了额外的风险。

大量的文献表明自 20 世纪 60 年代财务模型发展以来，关于 CAPM 的实证研究已经有了很大进展。早期的实证研究大部分都是从正面进行的。比如，布莱克、杰森和斯科尔斯（Black, Jensen and Scholes, 1972），法马和麦克贝恩（Fama and MacBeth, 1973）以及布鲁姆和弗兰德（Blume and Firend, 1973）所报告的全部实证结果都与市场组合均值—方差有效性是一致的。也有一些关于 Sharpe - Lintner CAPM 的实证结果，其中关于零贝塔组全均值收益的估计高于无风险收益的结论由 Black 模型作出了解释说明。在第四章对我国期货的实证的结果也证实了这一结论。

在 20 世纪 70 年代后期，有关 CAPM 好的实证文献较少，然而却出现了所谓非常规性研究文献。按照本章所讨论过的检验内容，非常规性可以被认为是公司的特征。利用这种特征可以捆绑资产，使得包括切线组合在内的资产组合的事后夏普率比市场组合的还要高。所以，从比较的角度看 CAPM 的预测能力，公司特征对截面样本均值收益提供的解释要比 CAPM 的贝塔系数有力。

早期的非常规性研究内容包括市盈率作用和规模效应两个方面。巴苏（Basu, 1977）第一次提出了市盈率作用。巴苏发现对以公司市盈率为基础形成的组合来说，市场组合并不是以均值—方差有效出现的。低市盈率的公司具有较高的样本收益，而高市盈率的公司要比市场组合是均值方差有效的公司具有更低的收益。关于规模效应，邦茨（Bonz，1981）首先在文献中指出：当市场组合是均值—方差有效的时候，市场资本化程度低的公司的样本均值收益要比预期的高。这两个非常规性至少说明了低市盈率的公司大都是规律小的公司。

对于 CAPM 在中国股票市场上的适用性问题，近年来国内一些学者陆续做了研究。国内的有关研究主要围绕标准形式的 CAPM 进行。杨朝军、邢靖（1998）是国内最早系统研究该问题的文献之一。其后还有陈小悦、孙爱军（2000），陈浪男、屈文洲（2000），阮涛、林少宫（2000）和李和金、李湛（2000）。从这些文献的研究结果来看，在 1999 年以前的中国股市，CAPM 基本上是不适用的，而且股票收益率与 β 之间的关系随时期的不同而变化。但是，它们都没有单独研究零贝塔形式的 CAPM（即市场中不存在无风险资产时的 CAPM），现实的市场中可能并不存在无风险资产，尤其是在现阶段的中国，投资者可以选择的投资机会极其有限，商业银行存款并不是合适的无风险投资渠道，而国债多为中长期的，也不能代表无风险资产。这样，研究零贝塔形式的 CAPM 可能更加重要。因此在本书中笔者对标准形式的 CAPM 模型和零贝塔形式的 CAPM 模型进行了对比研究。

1.4 选题的背景、目的与意义

1.4.1 选题的背景

期货市场在中国的发展经历了一个曲折的过程。

1985年以后，国家放开各种所有制商业企业，允许商贩经营粮食，农产品现货市场开始发育。多层次、多渠道、多形式、多经济成分的农产品现货市场流通体系，对消化农民剩余产品、调节市场供求、促进农业生产起到了积极作用，为更高级的市场组织形式的产生奠定了基础。在这一背景下，20世纪90年代初我国期货市场建立。但它经历了不平常的发展道路，发生多起违规事件。我国的期货市场是一个典型的政策推动型市场，期货市场是在政策的引导下发展，在发展过程中的问题和混乱又引发新一轮的调控政策出台。在短期内，我国期货市场获得超常规发展必然会积累一些问题。特别是当时市场的组织者缺乏对期货市场的深层次理解，忽视期货交易中的金融风险，相当一批交易所的风险管理机制不完善，在交易制度存在漏洞的情况下，必然为日后的市场风险事件埋下隐患。期货市场后来的实践证明，我国期货市场存在问题主要是交易所管理混乱，过度追求盈利而忽视市场风险管理，会员制没有落实，期货经纪公司过多，存在过度竞争现象。少数大户操纵市场，期货交易秩序受到严重的干扰，并且酿成一系列恶性期货事件。另外，期货市场为少数人利用，成为化公为私的工具，还出现大量港台地区不法商人进入大陆进行期货诈骗活动的问题，给当时的社会稳定带来负面影响。

市场的盲目发展引起政府和业内人士的高度重视。为了控制期货交易中的风险，整顿首要的任务是规范期货经纪公司的国际期货交易。整顿的核心是减少上市交易的品种，合并期货交易所，规范期货经纪业，通过严厉限制期货市场发展的方式达到控制期货市场风险的目的。这次对与国内期货市场的整顿到1998年才基本完成，整顿工作主要体现在一下几个方面：确立期货市场管理的指导原则；清理上市交易的品种和期货交易所；大力整顿期货经纪业进行；强化监管体制，完善期货法规体系。经过连续几年的治理整顿，为期货业的规范发展奠定了基础，期货行业逐步迎来发展的第二个“春天”。主要表现为：三大期货交易所于1999年底基本完成改制，重新修订了一系列规则系列，交易所的管理日趋规范、成熟。众多经纪公司增资扩股，经济实力、抗风险能力大大增强，使经纪公司正在由幼稚走向成熟；全行业的从业人员素质有了很大提高。尤其自1998年下半年以来，为了配合国家宏观政策的调整，国家再次缩小期货交易所试点范围，仅保留了3家期货交易所，以继续探索期货交易，特别是农产品期货在我国的发展道路。众所周知，传统的期货理论研究早已表明，期货市场的演变是沿着：“标准化现货市场—活跃的远期市场—成熟的期货市场”三阶段进行，标准化现货市场对期货市场的发育至关重要，但能否出现跳跃式模式，却是一个难以解答的问题。

期货市场是目前人类历史上运行效率较高交易的制度，但并非一旦建立期货制度就能保证其健康良性和高效地运行。中国期货市场已经运作了近17年的时间，我们知道并非只要引入了在其他国家比较高效的交易制度就能促进市场交易的效率，因为制度是否能成功的移植，除了其比较完善的内核制度外，其配套的外部制度环境也有非常重大的影响。在我国学术界从期货市场的建立开始就一直很重视期货制度移植的问题，但是大多数初期的关于我国期货市场的研究都着重于建立期货市场的可行性的研究，由于没有期货市场的运行数据的积累，许多结论和推断都是基于其他国家期货市场的数据或者假定的基础得出的。

从1998年整顿后至今已过去了8个年头，我国期货制度是否有效运行及其还存在哪些缺陷，是大家极为关心的问题。在本书中，笔者试图对以下问题进行探讨：一是处于经济转轨时期、由政府推动完成和发展的中国期货市场，在由中国证监会、期货业协会和期货交易所组成的三级管理体系下，是否在转移风险、确定未来现货市场价格和传递市场消息方面发挥了其应有的功能，我们将从EMH实证方面寻求答案；二是随着我国商品期货新品种的不断增加，发展速度的不断加快，中国期货市场管理体系如何在法制环境不完善、投资者法律意识相对薄弱的情形下，建立一个相对完善的风险控制系统和法律体系，我们将从政府监管的制度创新和自律监管的国外经验借鉴两个方面来深入研究。

1.4.2 选题意义

本选题的意义在于：

1. 丰富期货的理论研究，满足实践的需要。广大投资者和管理者都非常关注期货市场的效率和风险问题。但国内对期货市场效率和风险问题的研究很少，大部分停留在理论的分析上，实证的研究就更少，满足不了期货市场发展的需要。

2. 借鉴国外的理论和研究成果。在国外，有关期货市场效率和风险的研究非常丰富，不仅研究的范围十分广泛，而且研究也颇有深度。中国的期货市场借鉴国外在期货研究方面的成果，无疑在理论和实践方面都有积极的指导意义。

3. 理论联系实际，研究中国期货市场的效率和风险问题。如何正确评价我国的期货市场？如何利用已有的理论来指导期货市场的发展？这些问题都关系着我国期货市场的前途和命运，成为理论界与实践工作者都要回答的重要问题。

1.5 研究思路与创新

1.5.1 研究思路

1. 期货市场有效市场假设研究。笔者应用多种方法有效市场假设进行检验，检验结论说明中国期货市场经过近几年的治理整顿开始从无序走向初步规范化发展，表明中国期货市场能比较有效地对市场信息做出反应，市场化程度较高，也进一步证实了我国期货市场对资源的合理配置及其对经济发展所起的积极作用。另外，在此基础上，对有效市场假设的理论内涵进行了更深入的探讨，即经计量方法证明呈弱式有效性的商品期货市场，必然会出现暂时性的失衡，也就是说市场不可能时时有效，只能从总体上看是有效的。也就是说，投机者对信息变动的反映会导致暂时性的市场失衡，但充分的套利行为这一市场自我纠正机制将使这种暂时性失衡回复到均衡。

2. 期货市场资本资产定价模型研究。EMH 得到了资本资产定价理论（CAPM）的有力支持。CAPM 模型在马柯维茨提出的以方差作为风险度量的基础上构建了一个风险与收益关系的模型，根据该模型，投资者要想在有效市场上获得额外的收益，必须要承担额外的风险。这就说明，一个人如果获得了额外的收益，并不能说明市场的无效，因为还有一种可能是他承担了额外的风险。权衡风险和预期收益的量化问题是现代金融经济学的重要问题之一。本书就在上述思路指导下，对中国期货市场的效率作了深入研究基础上对无条件 CAPM 模型进行了考证。

3. 期货市场的风险管理体系的研究。中国期货市场经过了 10 多年的发展，但是由于中国期货市场的监管体系不够健全，中国期货市场一直未能充分发挥其套期保值和价格发现的功能。因此在未来我国期货市场管理体系中，如何使得政府监管和自律管理作为两个互补的手段，相互依存、良性互动，是我国期货业面临的一大难题。本章对这一问题进行了深入分析。另外，我国三级管理体系的个机构，都应该引入风险量化机制来控制风险。通常，仅仅是量化风险的行动就足以驱使风险的减小。本书对近年来国外兴起的一种金融风险管理工具 VaR（风险估值模型）进行了介绍，并试图寻找在极端情形下对我国期货市场合适的风险预测模型。VaR 有助于信息披露和风险监控，是一种比较好的风险控制工具。

1.5.2 研究的创新点

1. 本书对我国的期货市场进行了相对系统的计量实证方面的研究。包括应用协积与方差比方法对 EMH 假设的实证；应用 7 种不同的统计量对无条件 CAPM 模型的检验。

2. 本书对涨跌停板制度对价格的影响进行了讨论。通过构造一个较复杂的跨期无套利投资组合，并结合 B—S 偏微分方程的数理证明，以期证明涨跌停板制度导致期货价格对持有成本理论价格的偏离。

3. 本书对现货数据的处理较为特别。一般人们直接通过市场来选取现货数据。但笔者考虑到：由于在期货合约到期日，期货价格在无套利机制的作用下，一定会向现货价格完全收敛。因此，选择到期日时的商品期货价格是有其理论依据的。

4. 本书提出政府和机构应引入 Var 作为风险控制工具。国外部分国家已明文规定金融机构应公开自己的 Var 值。我国政府和机构也应该将风险量化机制引入期货市场管理体系来控制风险。

2 期货市场有效性理论与实证检验

国外对市场效率的研究集中在市场有效性的研究上，大量的文献是有关分析和检验市场有效性的问题。期货市场有效性理论包含了非常丰富的内容，相关的研究文献浩如烟海。期货市场有效性关系着期货市场吸收信息的速度与广度，是期货市场价格效率的基础。借鉴国外在期货效率研究方面的成果，无疑在理论和实践方面都有积极的指导意义。本章首先介绍有关期货市场有效性理论与实证的研究成果，然后介绍相关的计量模型，最后在实证基础上得出相关结论。

2.1 方差比与有效市场理论

2.1.1 文献综述

有效市场假设的起源可以追溯到巴彻利尔（Bachelier，1900）

最早在理论上作出的贡献和科尔斯（Cowles，1933）的实证研究。经济学的现代理论是从萨缪尔森（Samuelson，1965）开始的，他认为，在信息有效的市场，如果可以合理地预期价格变动，即如果价格变动将所有市场参与者的期望和信息完全结合在一起，那么价格变动就是无法预测的。法马（Fama，1970）在他的传统调查中总结对这一观点，即在一个市场上，如果价格总是完全反映所有信息，就称这个市场是有效率的。法马（Fama，1965）于 1965 年正式提出市场有效性假说。在这个假说下，有效金融市场被定义为市场价格对新生信息的充分正确反映，表现为价格的不可预测性，并根据信息内容的不同将市场分为弱式、半强式和强式有效市场。这一定义蕴涵着：第一，金融价格的波动正是市场有效的证据，因为新信息的不断出现；第二，市场有效性假说认为，在一个有效市场内价格的变化是随机和独立变化的；第三，从微观上讲，市场有效程度是投资策略的依据，市场愈无效，即信息愈不对称，利润的机会愈大。市场有效性假说的实证含义主要集中在对金融市场弱式有效性假设和半强式有效性假设的验证上。本章试图对中国期货市场的弱式有效性假设进行验证。

人们关心金融资产价格的可预测性胜于关心市场的有效性。如果金融资产价格具有一定的趋势性，或者说价格之间在时间上存在一定的关联的话，那么可借此获得利润，鞅模型与随机游走假设都表明价格的不可预测。通常人们选择随机游走模型来考察市场有效性假设。若金融价格遵循随机游走，那么这蕴涵着市场有效，但是，逆命题不一定成立。Campbell、Lo 和 MacKinlay（1997）根据随机扰动项的属性将不同的随机步游（random walk）模型分为三类：

随机步游 1：增量独立同分布。增量独立同分布情形假定收益序列由以下随机过程给出：

$$P_t = \mu + P_{t-1} + \varepsilon_t \qquad \varepsilon_t - iid \qquad (2.1)$$

ε_t 满足独立同分布，独立不仅意味着任何增量 ε_t 间是互不相关，而且任何关于增量的非线性函数也不相关。

随机步游 2：独立增量。要求某一随机变量在很长的一段时间里保持相同的分布，这在现实世界中，尤其是金融市场中很难得到满足，而且也不是不合理的。放宽同分布的假定，也就是 ε_t 独立但不同分布，将使随机步游模型更符合现实。

随机步游 3：增量不相关。从市场有效的角度来看，只要增量 ε_t 互不相关，价格就不可预测，所以在第二类随机步游的基础上进一步放宽 ε_t 独立的假定而只要求 ε_t 不相关，并不影响 EMH 的检验。

在早期市场有效性的研究中，为使有效性的含义能用公式表述并被实证检验，Fama 用上述第一种形式的随机游走表述弱式有效。Fama 将弱式有效性与随机游走联系起来，主要出于两种考虑：一是利用随机游走模型可对有效市场假说进行实证检验，二是线性、同分布的随机过程有许多标准模型、成熟的参数估计方法及良好的理论结论，使实证研究简单、便利。但随着实证研究的深入，人们逐步认识到收益率序列呈现明显的高峰度和非独立性特征，收益率序列的线性、同分布假设不成立，因此，20 世纪 80 年代后期的研究集中讨论了非线性下的随机游走检验，即第三种形式的随机游走。国内学者对中国期货市场有效性的研究起步较早，但成果数量不多。徐剑刚（1995）、王志强（1998）、商如兵（2000）运用序列相关和游程检验方法对随机步游 1 进行检验，严太华（1999）则利用期现货价格的协积关系进行市场有效性分析。但正如前文所述，若期货价格序列存在异方差和非正态分布特征，序列相关检验和协积检验是不可靠的，即使在自相关不显著的情形下，变量间仍然存在相关的可能。而游程检验作为非参数检验方法，虽然不要求期货价格服从正态分布的假设，但它的统计检验势非常低。相比之下，方差比方法更为可靠，Lo & Mackinlay 通过大量仿真试验得出结论：无论正态和同方差条件成立如否，方差比方法均优于传统的检验方法。国内该方法的研究文献较少，程希骏（2003）对中国股市 ST 板块运用异方差情形下的方差比统计量来检验第三类随机步游。在本书中，笔者则同时应用两种方差比统计量来检验第一类和第三类随机步游，并应用多元方差比检验方法对结论进一步进行分析。

2.1.2 资料的选取

近期的研究关注于利用长线收益的性质检验随机漫游假设，长线收益比其相应的短线收益具有更多的信息。长线收益通常选用 5～10年的收益。考虑到我国期货市场在开办初期期货交易投机过度，期货价格信息严重失真，并且早期的现货价格数据无法获得，而近年来交易相对活跃的期货品种包括上海期货交易所的铜，郑州商品交易所的小麦，大连商品交易所的大豆，因此，本书研究这 3 家期货交易所的铜、小麦和大豆这 3 个期货品种，时间跨度为 1998 年 1 月 5 日至 2004 年 9 月 17 日。

连续的期货价格序列的产生办法如下：对于大豆合约和小麦合约，选取最近期月份的期货合约作为代表，在最近期期货合约进入交割月后，选取下一个最近期期货合约，从而产生连续的期货价格序列。而对于铜期货合约，则选取的是距离目前 4 个月以后交割的那份合约。所有合约均选取收盘价。例如，1998 年 1 月和 2 月期间的小麦或大豆，选取 9803 合约的收盘价，1998 年 3 月和 4 月期间的小麦或大豆，选取 9805 合约的收盘价；而 1998 年 1 月的铜则选取 9804 合约的收盘价。

在金融研究中主要关心收益而不是价格，而计算资产收益的方法通常是连续复合法。资产的连续复合收益或对数收益 r_t 被定义为总收益（$1+R_t$）的自然对数。

$$r_t \equiv \log(1+R_t) = \log\frac{P_t}{P_{t-1}} = p_t - p_{t-1} \tag{2.2}$$

其中，$p_t \equiv \log P_t$。

因此，对前面的连续的期货价格序列取对数，所生成的对数期货价格序列成为下一步应用 EVIEWS4.1 对数据进行处理的基础。

2.1.3 随机游走假设的检验

通常人们选择随机游走模型来考察市场有效性假设。早期对随机游走的假设很大程度上都是检验 RW1 和 RW2，这些检验现在大部分已成为历史。若金融价格遵循随机游走，那么这蕴涵着市场弱式有效；更进一步，市场弱式有效则蕴涵着现期价格（或回报）不能用过去的变化来预测。但是，这两个命题的逆命题并不一定成立。根据这两个命题的含义，选择单位根检验，自相关检验，方差比检验来对随机游走假设进行检验。

1. 对数价格序列的单位根检验。单位根检验的思想如下。经济时间序列数据常呈现明显的时间趋势，但仅从图像上是无法确定数据是由带趋势的稳定过程，还是由带常数项的单位根过程产生的。若对带趋势的稳定过程

$$y_t = c + rt + u_t \tag{2.3}$$

中的参数 c 和 r 作 t－检验，即使数据不是由（2.3）产生的，而是由带参数项的单位根过程产生的，t 统计量仍会呈显著性，但由此决定选取（2.3）作为描述数据的模型却是错误的。正确的方法是在经检验时间趋势之前，先确定在时间序列中是否存在单位根。只有在单位根假设被拒绝后，才采用模型（2.3），并对其中的参数作假设检验。因此，单位根检验不仅能区分经济时间序列数据的 DGP 是否为平稳过程或为单位根过程，也能从非平稳时间序列中区分趋势平稳过程和单位根过程。单位根检验假定至多只有一个单位根。

随机漫游过程是非平稳的，非平稳性是随机漫游过程的必要条

件，而且，一个随机漫游时间序列的一阶差分是平稳的。因此，单位根检验是随机漫游过程的必要条件。应用单位根检验可以检测时间序列数据的数据生成过程是否有且只有一个单位根：若命题不满足，我们可以推断随机游走假设不成立，即金融市场不是弱式有效的；若命题满足，我们进行下面的自相关检验。

对前面三个期货价格序列的对数 p_t 进行 ADF 检验，发现无论是改变模型的设定，还是改变滞后阶的选取，都不影响结论的一致性，即这三个时间序列均为 I(1) 过程。我们又对这三个时间序列应用非参数检验（Philips – Perron 检验）来进一步对这一结论进行确认。在临界值 5% 的显著性水平下，运行结果见表 2 – 1。

表 2 – 1　　变量的单位根检验

变量	ADF	临界值	结论	PP	结论
p_t（铜）	ADF（4） = – 0.9217	– 3.4151	I（1）	– 0.9036	I(1)
p_t（豆）	ADF（4） = – 2.2009	– 3.4151	I（1）	– 2.1569	I(1)
p_t（麦）	ADF（4） = – 1.7897	– 3.4151	I（1）	– 1.8384	I(1)

2. 随机游走增量的自相关检验。这一方法是对价格变化的序列相关性进行检验。这是因为在随机游走虚拟假设下增量或序列各水平的一阶差分对任意时点的前置和后滞都是不相关的。对于单个时间序列，随机漫游假设最直接与直观的检验是检查其序列相关性，即同一序列在不同时点上的两个观察值间的相关性。由于单位根的存在并不是证明随机漫游假设的充分条件，因此，我们需要检验残差序列自相关的存在性。如果检验结果为显著自相关，那么意味着价格变化彼此不独立，因而价格可以被预测。因此，为检验价格序列是否独立，我们需要对随机漫游增量进行自相关检验。

自相关检验思想如下。自相关检验要求随机漫游的新生量为严格白噪声，它不需要一个明确的备择假设，从而它可被当作诊断性检验，并且在范围广泛的备择假设下，它对原假设具有一定的势。因为 RW1 意味着全部的自相关系数皆为零，检验 RW1 有一个非常有力的统计量，便是由 Box 和 Pierce 提出的 Q 统计量及它的一个变种是 Lijung 和 Box 提出的 LB 统计量，后者比前者有着功效更大的小样本性质，通常用后者来检验序列的自相关性。在期货价格服从随机步游的零假设下，Q 统计量服从 χ_2（m）分布，若期货价格序列任意滞后期的自相关和偏相关系数与 0 无显著差异，Q 统计量也不显著地异于 0；否则，若 Q 统计量显著地异于 0，则表明期货价格序列存在自相关。

对前面 3 个期货价格序列的对数 p_t 的一阶差分（即连续复合收益或对数收益序列 r_t）进行自相关检验，发现这 3 个时间序列基于对应 m 期滞后的 Q 统计量均是不显著的，因此结论是 3 个连续复合收益序列均是不相关的，即全部 ρ_κ 为零，故不能拒绝 RW1 虚拟假设。需要注意的是 Q 统计量的最大滞后阶数 m 的选取。一般 m 取 $\left[\frac{n}{10}\right]$ 或 $\sqrt{n}$（n 为样本量，括号表示取整运算）。通常以后一种方法选取 m。将 Eviews 运算结果整理，列表 2-2。

表 2-2　　变量的自相关检验

变量	滞后阶 m	Q_{LB} 统计量	相伴概率 p	结论
r_t（铜）	40	44.479	0.289	接受 H_0
r_t（豆）	40	34.859	0.701	接受 H_0
r_t（麦）	39	45.972	0.206	接受 H_0

3. 随机游走增量的方差比检验。所有三种随机漫游假定的一个重要性质是随机漫游增量的方差应该是时间段的线性函数，因此，随机漫游模型的似真性可通过将 q 期的连续组合收益的方差比 q 倍的单期收益的方差，若随机漫游假定假设为真，这些数值在统

计上应与1没什么差异。运用蒙特卡罗模拟，罗和麦金雷证实：无论在同方差增量情形下还是在异方差增量情形下，方差比检验均比 Box－Pierce 和 Ljung－Box 的自相关检验更可靠。q 期方差比统计量 $VR(q)$ 满足下列关系式：

$$VR(q\equiv)\ \frac{Var[r_t(q)]}{q\cdot Var[r_t]}=1+2\sum_{k=1}^{q-1}(1-\frac{k}{q})\rho(k) \tag{2.4}$$

其中，$r_t(k)=r_t+r_{t-1}+\cdots+r_{t-k-1}$ 且 $\rho(k)$ 为 $\{r_t\}$ 的第 k 阶自相关系数。此式表明 $VR(q)$ 是典型的序列 $\{r_t\}$ 前 $k-1$ 个自相关系数的线性组合，并具有线性衰减权数。在 RW1 下，(2.4) 式表明对一切 q 有 $VR(q)=1$，因为在此情形下有 $\rho(k)=0$，这里，$k>1$。而且，即使在 RW2 和 RW3 下，$VR(q)$ 必须仍然等于 1，只要 r_t 的方差有限且平均方差收敛到一个有限正数。

情形一：同方差增量情形下的方差比统计量。

RW1 假定下原假设：$H_0: r_t=u+\varepsilon_\varepsilon,\ \varepsilon_\varepsilon\sim IIDN(0,\sigma^2)$

对应方差比统计量为：

$$VR(q)=\frac{\bar{\sigma}_q^2}{\bar{\sigma}^2} \tag{2.5}$$

其中：

$$\bar{\sigma}^2=\frac{1}{nq-1}\sum_{k=1}^{nq}[p_k-p_{k-1}-\hat{\mu}]^2 \tag{2.6}$$

$$\bar{\sigma}_q^2=\frac{1}{m}\sum_{k=q}^{nq}[p_k-p_{k-q}-q\hat{\mu}]^2 \tag{2.7}$$

$$m=q(nq-q+1)(1-\frac{q}{nq}) \tag{2.8}$$

Lo 和 MacKinlay (1988) 证明了它渐进服从以下分布：

$$\sqrt{nq}(VR(q)-1)\underset{\sim}{a}N(0,\frac{2(2q-1)(q-1)}{3q}) \tag{2.9}$$

标准化得：

$$\varphi(q)=\frac{\sqrt{nq}\,(VR(q)-1)}{\left(\frac{2(2q-1)(q-1)}{3q}\right)^{\frac{1}{2}}} \tag{2.10}$$

根据$\varphi(q)$的值就可以进行随机步游检验，例如，若$\varphi(q)$超过[-1.96，1.96]，则在95%的置信水平上拒绝p_t为随机步游的假设。

情形二：异方差增量情形下的方差比统计量。

RW3假定下原假设假定p_t具有不相关的增量，但又允许较一般形式的异方差，包括确定性的方差变化以及恩格尔的ARCH过程。在异方差的情况下，Lo和MacKinlay（1988）证明在样本容量无穷大时，$VR(q)$仍在概率上趋近于1。此时，运用如下标准正态统计量，即：

$$\psi(q)=\frac{\sqrt{nq}\,(VR(q)-1)}{\sqrt{\hat{\theta}_q}} \overset{a}{\sim} N(0,1) \tag{2.11}$$

其中：

$$\hat{\theta}_q=4\sum_{k=1}^{q-1}\left(1-\frac{k}{q}\right)^2\delta_k \tag{2.12}$$

$$\delta_k=\frac{\sum_{k=j+1}^{nq}[p_k-p_{k-1}-u]^2[p_{k-j}-p_{k-j-1}-\hat{\mu}]^2}{\left\{\sum_{k=1}^{nq}[p_k-p_{k-1}-\hat{\mu}]^2\right\}^2} \tag{2.13}$$

这样，根据$\hat{\theta}_q$构造的标准正态统计量$\psi(q)$就能用于检验第三类随机步游。根据$\psi(q)$的值就可以进行随机步游检验，例如，若$\psi(q)$超过[-1.96，1.96]，则在95%的置信水平上拒绝p_t为随机步游的假设。

4. 方差比检验结论及分析。这里，需要注意的是最大滞后阶q的选取。在长线收益推断时，当时段q与全部时间跨度$T=nq$相比较大时，即当q/T不近于零时，方差比检验功效极小，通常用于推断的渐近近似就失败了。这里，考虑到三个时间序列的样本数据大约为1600左右，我们将 q 选的最大滞后阶16。

对前面三个期货价格序列的对数 p_t 应用EVIEWS，通过编程运算同方差增量情形下的标准方差比统计量和异方差增量情形下的标准方差比统计量，发现在两种虚拟假设下铜和大豆期货市场的标准方差比数值在95%的置信水平上与1没什么差异，因此，不能拒绝随机漫游虚拟假设；而小麦期货市场滞后阶为2时标准方差比统计量超出5%显著性水平下的临界值外，其他值均落在接受域内，因此，似乎应拒绝随机漫游虚拟假设。运算结果见表2-3。

表2-3　　变量的方差比检验

滞后阶	$\varphi(q)$（铜）	$\psi(q)$（铜）	$\varphi(q)$（豆）	$\psi(q)$（豆）	$\varphi(q)$（麦）	$\psi(q)$（麦）
2	-0.4620777	-0.3843394	-1.181144	-1.009487	-2.8296744*	-2.0754325*
4	-0.0158357	-0.013164	-0.2768376	-0.251104	-1.7054177	-1.4266884
8	0.3347005	0.2764646	1.0859495	1.0532564	-1.4412594	-1.3913461
16	1.2152467	1.0000612	1.2075813	1.2289504	-0.8088642	-0.8470394

注：检验统计量打上星号（*）表明在5%显著性水平下方差比在统计上显著异于1。

真的应拒绝小麦期货市场随机漫游虚拟假设吗？随机漫游虚拟假设要求对于所有的 q 而言方差比应为1；只要存在有某一 q 的方差比不为1，就应拒绝随机漫游虚拟假设。但Chow和Denning（1993）提供了检验一套方差比同时为1的一个方法，这一方法相对LO和Mackinlay的方法而言，降低了犯第一类错误的概率。比如说统计量 $\psi(q)$，对应于它的一套数目为 m 的检验统计量即 $\{\psi(q_i) \mid i=1, 2, \cdots, m\}$，如果其中有一个统计量显著异于1，随机漫游虚拟假设就被拒绝。因而仅仅这套检验统计量绝对值的最大值被考虑。MVR检验的核心基于如下结论

$$PR[\max(|\psi(q_1)|, \cdots, |\psi(q_m)|) \leqslant SMM(\alpha; m; T)] \geqslant 1-\alpha \tag{2.14}$$

这里，SMM（α；m；T）是学生最大模分布，α 为分位点，m 为方差比数目，样本容量 t 为自由度。

渐进的有如下关系式：

$$\lim_{T\to\infty} SMM\ (\alpha;\ m;\ T) = Z_{\alpha^*/2} \tag{2.15}$$

其中，$Z_{\alpha^*/2}$是标准正态分布，$\alpha^* = 1-(1-\alpha)^{1/m}$。这里，临界值应用公式（2.15）计算，若统计量绝对值的最大值，比如是 $Z^*(q_i)$，超出 SMM 临界值，随机漫游虚拟假设被拒绝。因为 m 取值越大，在5%显著性水平下对应临界值越大，犯第二类错误的概率也就越大。因此，笔者按稳健做法取 m 为4，q 则分别为2、4、8、16，在5%显著性水平下对应临界值为2.49而不再是1.96，现在可以看到，当 q 为2时，同方差增量情形下的方差比统计量仍然超出临界值，但异方差增量情形下的方差比统计量却在接受域内，因此，从稳健的角度来看，小麦期货市场是弱式有效的。

2.1.4　实证结论

我国期货市场是一个快速发展的新兴市场，在国际期货市场上的影响力正逐步增大，但目前对我国期货市场的理论研究相对薄弱。本书以三大交易所各自的主打品种为研究对象，以单位根结合自相关检验的方法对随机游走假设进行检验，得出的结论和用方差比检验对随机游走假设进行检验得出的结论是一致的，因此可以基本认定铜、大豆、小麦期货市场是弱式有效的。这一结果说明中国期货市场经过近几年的治理整顿开始从无序走向初步规范化发展，表明中国期货市场能比较有效地对市场信息作出反应，市场化程度较高，也进一步证实了我国期货市场对资源的合理配置及其对经济发展所起的积极作用。随着我国实施在加入WTO时所作的承诺，国内企业将面临更大的风险，但同时也给我国期货市场的发展带来新的机遇。因此，一方面，我国期货市场的监管部门应该把握现在正面临的良好发展机遇，加强期货市场发展过程中的规范化建设和风险管理，使期货市场不断适应我国经济发展的需要；另一方面，投资者也应珍惜期货市场来之不易的良好发展局面理性投资，以确保期货市场的健康运行。

2.2 协积与期货市场效率

1985年以后，国家放开各种所有制商业企业，允许商贩经营粮食，农产品现货市场开始发育。多层次、多渠道、多形式、多经济成分的农产品现货市场流通体系，对消化农民剩余产品、调节市场供求、促进农业生产起到了积极作用，为更高级的市场组织形式的产生奠定了基础。在这一背景下，20世纪90年代初我国期货市场建立。但它经历了不平常的发展道路，发生多起违规事件。尤其自1998年下半年以来，为了配合国家宏观政策的调整，国家再次缩小期货交易所试点范围，仅保留了3家期货交易所，以继续探索期货交易，特别是农产品期货在我国的发展道路。众所周知，传统的期货理论研究早已表明，期货市场的演变是沿着："标准化现货市场—活跃的远期市场—成熟的期货市场"三阶段进行，标准化现货市场对期货市场的发育至关重要，但能否出现跳跃式模式，却是一个难以解答的问题。而我国摸着石头过河，为解决这一难题提供了实证研究的对象。而从1998年至今已过去了6个年头，笔者试图从实证角度，在协积框架下对如下问题进行探讨，即在中国目前的现货市场基础下，进行期货交易能否保证期货市场的有效性。

为什么选协积检验技术而不选其他的计量方法？这是因为协积技术能帮助我们找到有效市场中的期货价格和现货价格之间的长期均衡关系。在有效期货市场中，期货品种应该是规范的成熟的品种。价格性态集中反映一个期货市场的性质，一个规范的成熟的期货品种，其期货价格较好地反映了现货市场的供求趋势，达到提前发现未来现货市场的均衡价格，从而对现货市场、对生产和消费起到事前调节的作用。而一个不规范不成熟的期货品种，其期货价格可能完全背离现货基础，而成为一种被市场资金炒作的符号，这时，期货市场不但不能起到规避风险的作用，反而会给参与者、给整体经济带来额外的风险，产生很强的负面作用。

Engle 和 Granger（1987）以及 Johansen（1988）以及 Johansen 和 Juselius（1990）提出的协积分析为研究非平衡经济变量均衡关系提供了全新的方法，该方法在期货价格和现货价格动态关系的研究中得到了广泛的应用。如 Lai 和 Lai（1991）、Ghosh（1993）、Fortenbery 和 Zapata（1997）、Kavussanos 和 Nomikos（1999）、Haigh（2000）等利用协积分析方法对期货和现货之间的相互关系进行了实证检验，研究结果显示，大多数期货品种的期货价格和现货价格之间存在协积关系，但某些期货品种的期货价格和现货价格之间不存在协积关系。也有一些研究者，如 MacDonald 和 Taylor（1988），Sephton 和 Cochrane（1990，1991），Chowdhury（1991），Crowder 和 Hamed（1993）等，已经在商品期货价格和现货价格之间发现如下证据：或者二者之间压根儿没有协积关系，或者虽然有协积关系但是协积向量并非（1，-1）。这些结果违背了在传统风险溢价条件下有效市场假设的必要条件。在这篇文章里，笔者希望应用中国小麦和大豆期货市场数据继续在协积框架下对期货市场有效性的检验工作。

2.2.1 期货价格和现货价格之间的长期关系

令 s_t 为时刻 t 购买的商品现货价格的对数，$f_{t+k|t}$ 为时刻 t 的 k 期期货合约价格的对数，$E_t[\cdot] \equiv E[\cdot | F_t]$ 含义为时刻 t 投资者可获得的信息集 F_t 条件下的条件数学期望。为表达方便，令 $k=1$，简化表达式 $f_{t+1|t} \equiv f_t$。

总之，若市场参与者为理性预期者和风险规避者，那么期货价格将不是未来现货价格的预期值，二者差异为合约察觉到的风险价值（Ying－Foon Chow，1988）。即：

$$f_t = E_t\ [s_{t+1}]\ -\pi_t \tag{2.16}$$

方程（2.16）仅仅是期货价格风险溢价部分（π_t）的一个特别的定义，这一定义最初在 Fama 和 French（1987）文章中出现。s_{t+1}的实际实现值不同于理性预期值，二者差异为理性预期预测误差 $\varepsilon_{\varepsilon+1}$，即：

$$s_{t+1} = E_t\ [s_{t+1}]\ +\varepsilon_{t+1} \tag{2.17}$$

联立方程（2.16）和（2.17），有：

$$s_{t+1} - f_t = \pi_t + \varepsilon_{t+1} \tag{2.18}$$

这里，$s_{t+1} - f_t$ 是超额回报。方程（2.18）显示出为何近年来计量经济文献将超额回报看作平稳过程或 I（0）过程。风险溢价在理论框架上被认为是平稳的，预测误差在理性预期条件下被假定遵循平稳过程。既然平稳变量的和也是平稳过程，风险溢价和预测误差的和在上述假定下也是平稳过程。

另一方面，现货和期货价格在文献中已被发现遵循有着持久冲击的过程，接近于单位根过程和 I（1）过程。方程（2.18）两边平稳性的要求约束着现货价格和期货价格之间的长久关系。特别地，若期货和现货价格都是 I（1）过程，当且仅当（a）s_{t+1}和 f_t 是协积的，（b）协积向量为（1，－1）条件成立时，风险溢价才会遵循I（0）过程。因此，若 s_{t+1}和 f_t 是遵循 I（1）过程，我们能通过估计如下协积回归来考察是否风险溢价是平稳的，并进一步检验系数 β_1 是否等于 1。

$$s_{t+1} = \beta_0 + \beta_1 f_t + u_{t+1} \tag{2.19}$$

注意：在 EMH 条件下 β_0 不必等于 0，因为可能 $E[\pi_t] \neq 0$，也可能逐日盯市费用非零。

在 $\beta_1 = 1$ 的虚拟假设下，方程（2.18）暗含方程（2.19）的残差等于风险溢价的时变成分和预测误差的和，即 $u_{t+1}=\pi_t-\beta_0+\varepsilon_{t+1}$。若 π_t 和 ε_{t+1} 真的是平稳过程，它们的和必定渐进独立于 s_{t+1} 和 f_t 的持久创新。就是说，它们不能“污染”协积关系和 β_1 的估计值。拒绝 $\beta_1=1$ 对风险溢价的统计性质的推断有一个重要影响，因为：

$$\pi_t=E_t[s_{t+1}]-f_t=\beta_0+(\beta_1-1)f_t+E_t[u_{t+1}]$$

或等价有：

$$\pi_\varepsilon+\varepsilon_{t+1}=s_{t+1}-f_t=\beta_0+(\beta_1-1)f_t+u_{t+1} \tag{2.20}$$

若 $\beta_1\neq1$ 那么风险溢价将是非平稳的，因为即便 ε_t 被假定平稳，但风险溢价仍然将保留源于期货价格的持久成分。

2.2.2 模型选择与数据说明

由上述分析，市场有效性的检验步骤可被分为两步：第一步是检验两个价格序列 s_{t+1} 和 f_t 之间的协积关系；第二步是在协积关系成立的情形下对参数约束 $\beta_1=1$ 进行检验。协积关系和参数约束的检验各自使用 Johansen 方法和似然比检验，分别陈述如下。

1. 协积检验。在检验协积之前，首先应检验各序列是否为 I（1)过程。ADF 检验和 PP 单位根检验是检验 I（1）的普通方法。若期货价格和现货价格均为 I（1）过程，就继续进行 Johansen 协积检验。考虑 VAR（p）模型：

$$\Delta Y_t = D + \Pi Y_{t-1} + \sum_{i=1}^{p-1}\Gamma_i Y_{t-i} + \varepsilon_t \tag{2.21}$$

协积关系能通过检验系数矩阵的秩来获取，因为系数矩阵 Π 的秩等于协积向量的数目。特别地，Π 的秩为 0 意味着无协积关系。双变量情形下，即 $n=2$，当且仅当 Π 的秩为 1 时双变量才有协积关系。

Johansen 提出两个统计量以检验至少有 r 个协积向量的虚拟假

设。虚拟假设陈述如下：Π 的秩至少为 r，r 依次取 0，1，2 直至 $n-1$。这两个统计量各自以迹特征值和最大特征值为基础（陆懋祖，1999）：

$$\lambda_{trace} = -T\sum_{i=r+1}^{n}\ln(1-\hat{\lambda}_i) \tag{2.22}$$

$$\lambda_{\max} = -T\ln(1-\hat{\lambda}_{r+1}) \tag{2.23}$$

其中，$\hat{\lambda}_r$ 为第 r 个最大典型相关系数的平方。

2. 协积向量约束的检验。协积是市场有效的必要条件，若期货价格和现货价格无协积，那就可以得出结论：市场是无效的。若期货价格和现货价格有协积关系，那就需要继续检验协积回归方程（2.19）的参数约束。协积暗含存在协积向量 β 使得 $\beta' Y_t^*$ 是平稳的，以方程（2.19）为例，$\beta' = (1, -1)$，$Y_t^* = (s_{t+1}, f_t)'$，且 $\beta' Y_t^*$ 是平稳的。因此，市场有效性假设的检验只需对施加了约束的协积向量 β 进行检验即可。在这里，我们运用标准似然比检验。检验统计量为有约束条件对无约束条件的最大似然值的对数比的负两倍。检验统计量用典型相关表述如下：

$$L_r = T\sum_{i=1}^{r}\ln\{(1-\lambda_i^*)/(1-\hat{\lambda}_i)\} \tag{2.24}$$

其中，$\hat{\lambda}_r$ 为无约束条件第 r 个最大典型相关系数的平方，λ_r^* 为无约束条件第 r 个最大典型相关系数的平方。检验统计量遵循渐进 χ^2 分布，自由度为施加的约束数目。

3. 数据选取与说明。依照 Crowder 和 Hamed（1993），因为随着期货合约最后到期日越来越临近，期货价格逐渐向现货价格收敛，故而未来现货价格是期货合约最后到期日的现金价。因此，每个序列的频率依赖于每种商品有多少份合约。以国外的 Brent 原油期货为例，它一年有 12 个合约，因而时间序列中一年有 12 个到期日现货价格。对应的期货价格应该从特定的日子取样，离最后交易日要少于一个月。若对应期货合约距最后交易日超过一个月，我们的时间序列将因为信息交叠（Hansen & Hodrick，1980）而产生自相关问题，这是因为当下一份合约的对应期货价格开始取样时以前的合约仍在交易。检验有效性的普通回归方程随机扰动项的自相关将导致有效市场的无效率的出现。因此，交易所提到的期货价格被选择的是距合约到期日 28 天之前的价格。另外，与国外期货市场交易相比，我国期货市场的期货合约在临近交割月时，交易量迅速下降，合约有提前萎缩趋势。可能造成这种差别的主要原因是国内外期货市场交易规则的差异。与国内相比，国外期货市场在临近交割月份的规则比较宽松，能够吸引更多的套利者和投机者的参与，促进期货价格向现货价格充分回归。由于我国期货市场相对发育不完善，为了防范交易风险，变相增加交易的数量，期货市场对于临近交割月份的期货合约采取十分严格的限制措施，如交割月前一月就开始加收保证金，缩小持仓限额等，达到过滤大部分投机资金，以保证交割的安全进行。因此，期货交易者的兴趣经常转移到下一个合约。

综上所述，我国小麦和大豆期货，一年有 6 个合约，因而时间序列中一年有 6 个到期日现货价格。而对应的期货价格时间序列，除了要考虑期货价格时间序列将因为信息交叠而产生自相关问题外，还要结合我国的实际情况。因而我们选用临近交割月前一月第一个交易日收盘的价格数据来构造期货价格序列，这些合约的交易相对活跃。例如，对于 0108 大豆合约，8 月 22 日为交割月最后交易日，其收盘价即未来现货价格，对应的期货价格则选取 7 月 1 日的收盘价，若 7 月 1 日为节假日则顺延。大豆数据选取的样本期间为 1999 年 1 月至 2004 年 9 月，即自 9903 合约至 0409 合约，数据来源于大商所网站历史数据。小麦数据选取的样本期间为 1997 年 12 月至 2004 年 7 月，即自 9801 合约至 0407 合约，数据来源于郑商所研发部。

2.2.3 协积检验结果

1. 协积检验。为了进行协积检验，首先需验证水平价格序列的非平稳性。对于总体样本，我们采用 Phillips - Perron 检验和 ADF 检验来检验期货价格序列和现货价格序列的平稳性。用 ADF 检验方法进行的检验，其检验的结果与 Phillips - Perron 检验的结果一致，因而几乎可以肯定：期货价格序列和现货价格序列均为I (1)过程。根据 AIC 准则与 SC 准则，我们选择恰当的模型和滞后阶数，表中临界值为 5% 显著性水平，最终的结果见表 2 - 4。

表 2 - 4　　变量的单位根检验

变量	ADF	临界值	结论	PP	临界值	结论
S_{t+1}（麦）	ADF (0) = -2.60	-2.94	I (1)	-2.62	-2.94	I (1)
f_t（麦）	ADF (0) = -2.20	-2.94	I (1)	-2.17	-2.94	I (1)
S_{t+1}（豆）	ADF (0) = -2.41	-3.55	I (1)	-2.4	-3.55	I (1)
f_t（豆）	ADF (6) = -1.18	-3.59	I (1)	-2.25	-3.55	I (1)

既然期货价格和现货价格均为 I (1) 过程，它们之间可能存在一定的协积关系，因此，下一步就继续进行 Johansen 协积检验。对现货价格序列与期货价格序列进行协积检验时，我们发现不同的协积检验模型所得出的结论有时截然不同。根据 AIC 准则与 SC 准则，我们选择恰当的模型和滞后阶数，表 2 - 4 中临界值为 5% 显著性水平。由表 2 - 4 可知，各组现货价格与期货价格序列在 5% 的显著水平上拒绝 $r=0$ 的原假设，而各组序列在 5% 的显著水平上，不论是迹统计量还是最大特征值统计量，都不能拒绝 $r=1$ 的原假设，这表明每组价格序列间确实存在着一个协积关系，即郑州小麦现货价格与小麦期货价格之间存在着长期、稳定的关系。最终

检验结果见表2-5。

表2-5　　　　期价与现价的协积检验

商品	H_0	特征值	统计量	临界值	p 值
大豆	$r=0$	0.5716*	$\lambda_{trace}=25.1257$	15.4947	0.0013
	$r<=1$	0.0796	$\lambda_{trace}=2.2389$	3.8415	0.1346
	$r=0$	0.5716*	$\lambda_{max}=22.8868$	14.2646	0.0017
	$r<=1$	0.0796	$\lambda_{max}=2.2388$	3.8415	0.1346
小麦	$r=0$	0.4805*	$\lambda_{trace}=28.3532$	15.4947	0.0004
	$r<=1$	0.0872	$\lambda_{trace}=3.4687$	3.8415	0.0625
	$r=0$	0.4805*	$\lambda_{max}=24.8845$	14.2646	0.0008
	$r<=1$	0.0872	$\lambda_{max}=3.4687$	3.8415	0.0625

注：*表示在5%的显著性水平上拒绝虚拟假设。

2. 协积参数检验。前面已陈述并论证过，以风险溢价模型为基础的利润无套利条件表明：仅仅当风险溢价平稳时现货价格序列与期货价格序列才会有协积。若公式（2.19）中 $\beta_1 \neq 1$ 那么风险溢价将是非平稳的，因为即便 ε_t 被假定平稳，但风险溢价仍然将保留源于期货价格的持久成分。由表2-6可以看到，在5%的显著性水平上不能拒绝协积向量为（1，-1），即不能拒绝公式（2.19）中的 $\beta_1=1$。因此，现在我们在5%的显著性水平上可以提出检验结论：小麦期货市场和大豆期货市场均呈弱式市场有效状态。

表2-6　　　　协积向量的显著性检验

商品	H_0	L_r	P-Value
商品	$\beta_1=1$	1.274842	0.25886
大豆	$\beta_1=1$	2.601878	0.106737

2.2.4 结语

在1998年之前，农产品期货市场风险产生的主要原因在于交易所运行不够规范，风险管理措施有漏洞，致使期货交易中出现过度投机，大户试图操纵市场，多空双方对峙而造成的。结果是交易一方损失惨重，同时期货价格严重背离现货市场价格。而1998年之后，国家宏观调控政策的实施力度加大，各商品交易所也加强自身管理效率的提高，以弥补我国现货市场的“先天不足”。正如杰瑞·威廉姆斯（Jerry Williams）对郑州商品交易所4年的研究所论证的结论：有管理的期货市场有利于促进现货市场营销活动的变化，即通过管理效率提高市场本身效率，最终达到市场有效。本书的检验结论在一定程度上也印证了这一论点。当然，本书的检验结论更证实了小麦期货市场和大豆期货市场均呈弱式市场有效状态，也说明小麦和大豆已发展成为规范成熟的期货品种，它们的期货价格较好地反映了现货市场的供求趋势，达到提前发现未来现货市场的均衡价格，从而对现货市场、对生产和消费起到事前调节的作用。

2.3 无套利机制与市场效率关系的探讨

有效市场假设已经进行了大量的实证研究。对于发达国家的金融市场来说，弱式有效性假设经常可以成立。对于我国的商品期货市场中的沪铜、郑麦、连豆，弱式有效性假设也基本成立。现在提出的问题是这些呈弱式有效性的金融市场是否始终是有效率的，即对于这些金融市场，有效市场假设是否始终成立？

S. Grossman 和 J. Stiglitz 认为，对于任何一个金融市场，有效市场假设都不能始终成立。必须承认市场在一定程度上是无效的，也就是说，至少市场会偶然的失效。而且，正是这种偶然的暂时性失效为在市场进行套利和成功的投机提供获取利益的机会。S. Grossman 和 J. Stiglitz 在 1980 年发表的著名论文中对此做出了精辟的分析，揭示了有效市场假设逻辑基础中的内在矛盾：市场的有效性是依靠市场的套利和投机活动来建立的，而套利和投机活动是有成本的；如果市场每时每刻都是有效的，则不会存在套利机会，投机活动也将是无利可图的，套利和投机活动就会停止，而市场也就不能保持效率。下面笔者将从理论方面和小麦期货的实证方面验证这一观点。

2.3.1 无套利均衡分析方法

现代金融学研究的基本方法是无套利均衡分析方法。这一方法最早体现在莫迪格里亚尼（Franco Modigliani）和罗伯特·米勒（Robert Miller）研究企业资本结构和企业价值之间的重要成果（即 MM 理论）中。这一方法标志着现代金融学在方法论上从传统经济学的研究中独立出来，而且成为取得后续一系列金融研究成果的基本分析手段。因此，这一方法也是金融工程面向产品设计、开发和实施的基本分析技术。

无套利均衡分析方法对于期货的公平定价是很重要的，它是持有成本定价模型的必要条件。无套利均衡分析方法的关键之处在于互相复制的头寸在未来的现金流能够实现完全的对冲，如果目前市场中互相复制的头寸的价格不一样，就有了套利机会。当市场的套利力量重建均衡消除套利机会时，就能定出头寸的均衡价格。因此，套利就是利用市场价格的暂时性失衡来无风险地套取利润的活动。无风险套利机会的出现，说明市场处于不均衡状态，而套利力量将会推动市场重建均衡。市场一恢复均衡，套利机会就消失。在市场均衡时无套利机会，这就是无套利均衡分析的依据。市场的效率越高，重建均衡的速度就越快。对于商品期货市场，若没有套利者在现货市场和期货市场之间（或期货市场与期货市场之间）进行套利，就不可能形成有效的定价，正因为套利交易的存在，一方面套利者通过跨期套利使得现货市场和期货市场的价格产生聚合，这样能将仅由于时间要求不同的相同商品的价格彼此统一起来，期货市场和现货市场成为一个统一的大市场；另一方面，套利者通过价差交易使不同交割月份的期货市场之间也成为一个统一的市场。价差交易是对同一合约不同月份的错误定价进行纠正而获利的一种交易形式。由于同一合约不同交割月份的信用等级、息票率等因素相同，只是到期日有所差别，因此，其价格差异是由时间价值不同所引起。当期货市场同一合约不同交割月份之间地定价发生偏离时，价差交易使这种偏离纠正。总而言之，跨期套利和价差交易把市场内部的定价联系起来，有利于将同一合约或同一市场的定价有效的联系起来。

人们常常将套利和价差交易与投机联系在一起，而市场价格波动又往往归因于投机。这些观念是不合实际的。事实上，套利和价差交易不是期货市场及其相关资产市场价格波动的原因，相反，它们能使期货市场和现货市场的价格趋于均衡。因为套利和价差交易正是利用期货市场和现货市场价格失真的机会，并预期这种价格失真会最终消失，从而获取套利和价差交易利润。由于套利和价差交易使得过高定价证券的供给增加，过低定价证券的需求增加，在假定其他条件不变的情况下，过高定价证券的价格会因供给的增加而下降，过低定价证券的价格会因需求的增加而上升。这些有助于使两种证券的定价趋于公平。

综上所述，套利和价差交易不是导致现货市场与期货市场之间错误定价的原因，只有消息封闭的投机性交易才会加剧市场的易变性，而消息灵通的投机性交易会在期货过高定价时卖出期货，期货过低定价时买入期货，这些交易行为有助于抑制期货市场价格波动。而套利和价差交易是在一定的价格波动范围内进行的，只是当价格被动超过其确定范围时，套利者和价差交易者才进行买低卖高的交易活动。一般套利者和价差交易者为消息灵通的交易者，其市场参与有助于消除期货市场和现货市场的定价矛盾。在这篇文章里，我们希望通过持有成本理论和无套利均衡分析方法对呈弱式有效性的商品期货市场（本文所选取地郑州小麦期货在本课题中已被计量工具证实为弱式有效性市场）进行考察，以论证当呈弱式有效性的商品期货市场出现暂时性失衡时，充分的套利行为将作为一种市场自我纠正机制，以确保资产定价合理，并在此基础上检验如下论断：对于只要市场内价差超出全部持有成本，就会为投机者提供获取差价的投机空间。事实上，充分的套利行为是一种市场自我纠正机制，以确保资产定价合理。呈弱式有效性的商品期货市场，失衡是暂时性的。即在完美市场情况下，不同到期合约之间的差价不会长期超过其全部持有成本之差；同理，在不完美市场情况下，期货合约的差价不能长期获得额外的利润。也就是说，投机者对信息变动的反映会导致暂时性的市场失衡，但充分的套利行为这一市场自我纠正机制将使这种暂时性失衡回复到均衡。

2.3.2 对弱式有效期货市场暂时性失衡的考证

1. 无套利与期货合约的价差。价差交易是类似于套利的一种交易策略。其着眼于同一市场的相同金融工具或相似金融工具的价格矛盾进行交易而取得利润，可分为合约内部价差交易和市场内部价差交易两种。市场内部价差交易是对相同类型的不同期货的交易。而合约内部价差交易是指同时买卖同一合约的不同交割月份。这种交易策略是一种较为普遍价差交易的方式，也是下文所指的价差交易。用无套利均衡分析方法与持有成本定价理论对商品期货定价时，可以推导出若期货价格偏离了由现货价格衍生出来的理论价格或理论价格区域就会出现套利机会。为什么我们不运用期货价格偏离现货价格的基差来对我国商品期货市场进行考证呢？这是因为通过期、现货价格关系来研究期货市场的效率问题存在两个困难：一是批发价格报告制度会造成现货价格本身的稳定性。批发价格每月仅报告3次，部分原因是批发市场的成交量相对较小。二是现货市场的公布价格只是郑州价格，而期货价格则代表了21个不同交割库所在地的不同价格。现货价格的上述局限性为判断期、现货价格的相关关系带来了困难。因此，直接利用期货市场价格来检验期货市场价格效率的方法就具有数据上的优势。

利用无套利均衡分析方法与持有成本定价理论，可以导出：若较远期的期货价格偏离了由较近期的期货价格衍生出来的理论价格或理论价格区域将会出现套利机会。下面阐述如下。在成熟的期货市场上，两个期货合约之间的价差（spreads），或当地现货商品价格与临近到期合约价格之间的差价，一般不会超过全部持仓费用（carrying charges）。一旦差价超过全部的持仓费用，市场的交易就会利用这个套利机会，从而迫使超额的差价消失。

差价和持仓费用的关系可以由期货的定价公式得出。这里考虑消费性商品期货。按照消费性商品期货的定价公式，期货合约的均衡价格（或公平价格）是指不存在任何无风险套利机会条件时现货市场的价格加持有成本，再减去该资产的便利收益（Y）。设持有成本为C，且持有成本包括存储成本（U）加上融资购买资产所支付的利息（R），对于同种期货合约，两份不同到期月份合约的价格分别为：

$$F_1 = S + C_1 - Y_1 \tag{2.25}$$

$$F_2 = S + C_2 - Y_2 \tag{2.26}$$

由此可知，相邻的不同到期日合约之间的价差（spreads）为：

$$Spr = F_2 - F_1 = C_2 - C_1 + Y_2 - Y_1 = (U_2 - U_1) + (R_2 - R_1) + (Y_2 - Y_1) \tag{2.27}$$

投资者可以通过买卖不同到期月份的合约进行套利。当投资者

认为 $F_2 - F_1 > C_2 - C_1 + Y_2 - Y_1$，他将买入远期合约，卖出近期合约。反之，如果 $F_2 - F_1 < C_2 - C_1 + Y_2 - Y_1$，投资者可以卖出远期合约，买入近期合约。因此，在无套利均衡的条件下，如果不考虑交易成本和税收的影响，即在完美市场条件下必将有等式 $F_2 - F_1 = C_2 - C_1 + Y_2 - Y_1$ 成立，若差价偏离了等式右边的值，就存在套利机会。

若考虑不完美市场情形，即考虑税收和交易成本等费用的情形，在无套利均衡的条件下，同样可以推导出差价的非套利区域，若差价偏离这一区域就存在套利机会。由于表达式过于繁琐，故不再赘述。

需要说明的是，便利收益、卖空收入限制比例、交易费用等因素难以获得精确的值，出于简化考虑，我们主要考虑全部持有成本。不同交割期的同一商品的期货价格之间的差距，在理论上应当反映两个交割期之间的全部持有成本，从而使得越为远期的期货价格越高，此为正常市况。但在实务中，这种理论期货价格变动并不一定与实际期货价格变动相吻合。在相同市场上，影响市场内价差的因素很多，比如说价差变动有可能反映的是所有交易者对其他相关市场，如信息市场、金融市场、证券市场等等的预期变化，也可能由现货市场上商品供求的季节性对期货价格发生影响而产生。这些因素均会以信息传递的间接方式影响投机者预期，因此，持有成本仅仅是其中比较重要的因素之一。对于可储存商品而言，其期货价格则很少能够完全反映其持有成本的伸缩变动，所以，只要市场内价差超出全部持有成本，就会为投机者提供获取差价的投机空间。事实上，充分的套利行为是一种市场自我纠正机制，以确保资产定价合理。根据 Arbeu & Brunnermeier 模型的论点，套利者们注意到定价错误后经常会等待一段时间；拥有套利敞口头寸的持有成本越高，等待时间越长；定价错误越大，套利者行动越快。

因此，我们在下一步将检验如下论断：

经计量方法证明呈弱式有效性的商品期货市场，必然会出现暂时性的失衡，也就是说市场不可能时时有效，只能从总体上看是有效的。即在完美市场情况下，不同到期合约之间的差价不会长期超过其全部持有成本之差；同理，在不完美市场情况下，期货合约的差价不能长期获得额外的利润。也就是说，投机者对信息变动的反映会导致暂时性的市场失衡，但充分的套利行为这一市场自我纠正机制将使这种暂时性失衡回复到均衡。

2. 来自小麦期货市场的证据。数据样本采用了郑州商品交易所（以下简称郑交所）小麦期货的历史交易数据的收盘价。时间跨度为 1998 年 1 月 5 日至 2004 年 8 月 31 日。根据不同到期的期货合约收盘价的历史数据，我们计算了相邻到期月份合约之间的差价。郑交所小麦期货合约的交割月份 1、3、5、7、9、11 月。我们计算了 6 个相邻到期月份合约的差价。我们把 9 月和 7 月（同一作物年度）的合约差价作为第一个差价，称之为 7 月份差价，它是用 9 月份到期的合约价格减去 7 月份到期的合约的价格。其余 5 个相邻到期合约的差价计算方法同上。为了便于同 Jeffrey et al（1998）所做的研究进行比较，我们同样将差价换算成百分比。以第一个差价为例，换算方法是将 7 月份差价除以 7 月份到期合约的价格。相邻合约的差价如图 2－1 ~ 图 2－6 所示。

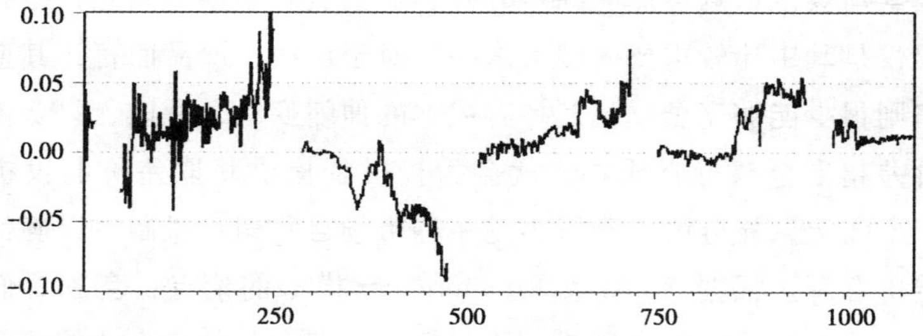

图 2－1　1 月份价差

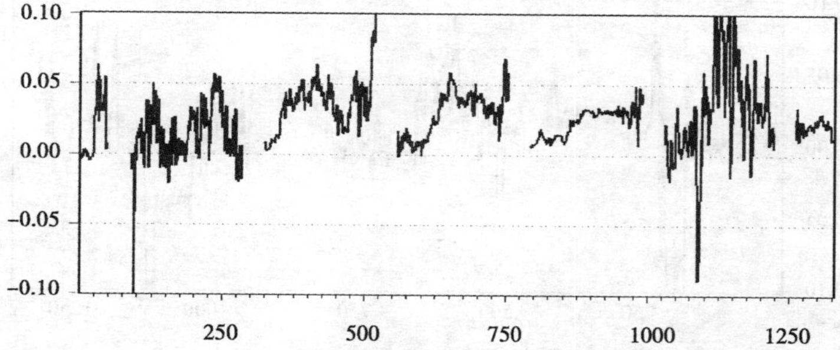

图 2-2 3 月份价差

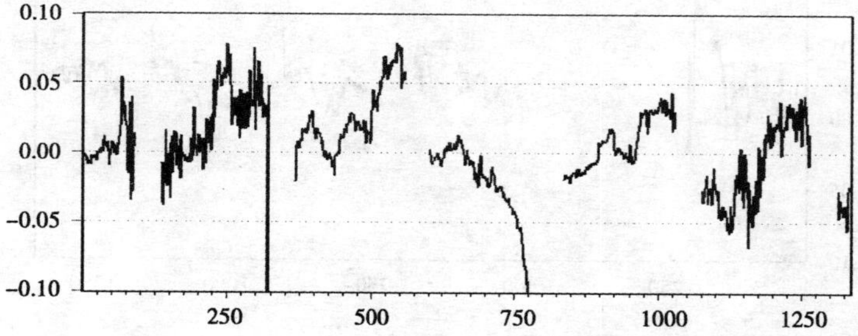

图 2-3 5 月份价差

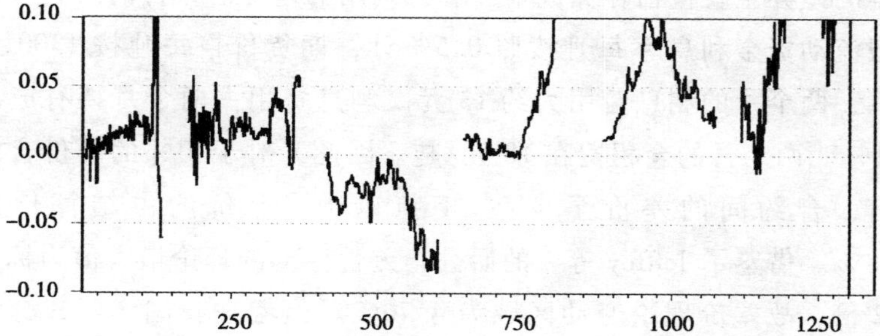

图 2-4 7 月份价差

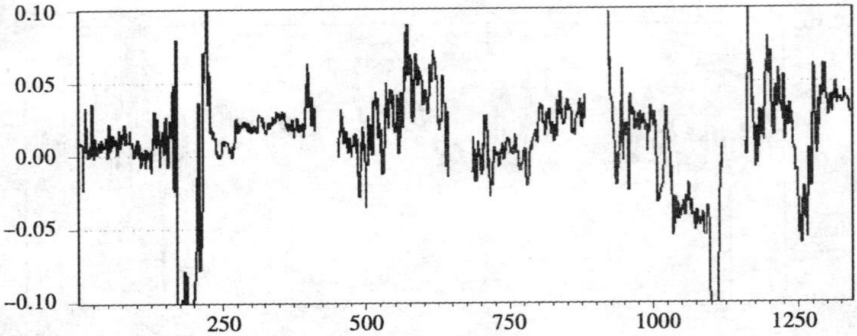

图 2-5　9月份价差

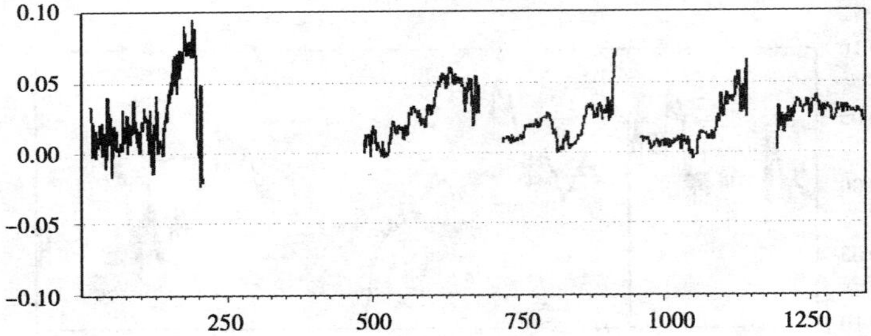

图 2-6　11月份价差

不同到期月份合约的差价主要受持有成本差异的影响，而持有成本的差异主要包括存储成本和利息费用的差异。银行的对企业的一般流动资金利息率每月按照 0.5% 计，期货价格每吨按 1300 元计算，两个月的利息费用大约 13 元。利息费用占两个月持有成本的 1%。两个月的仓租费在 18 元/吨。因此，对于相邻的两份合约而言，合约间的差价至少在 31 点以上。差价约占结算价的 2.38%。借鉴了 Jeffrey 等人的研究，差价变动的理论最大值为标准的 2 倍，故差价理论变动区域为 4.76%。但考虑我国实际，套利交易者承担过高的成本，除利息费和仓租费外，套利交易者还承担着其他费用，诸如交割费用、交易手续费、入（出）库费、损耗费、麻袋补贴费、检验费、增值税等，综合考虑这些因素，差价理论变动区域至少为5%以上。以5%为基准，从差价图中可以看到：在无套利的框架下，各个合约间的差价从总体而言没有超出其变动的上限，表明套利机制已经发挥了基础作用，期货市场的运行基本步入正轨。但是，有时差价合约之间的差价波动幅度异常，不能合理地反映全部持有成本，套利机会不能消除。这一现象验证了S. Grossman和J. Stiglitz的观点，即市场在一定程度上是无效的，市场会偶然的失效，市场的有效性是依靠市场的套利和投机活动来建立的。

2.3.3 结论

在无套利均衡分析的框架下，我们分析了郑交所小麦合约差价变动的特征。各个合约间的差价从总体而言没有超出其变动的上限，表明套利机制已经发挥了基础作用，期货市场的运行基本步入正轨。但是，相对其他发达国期货市场而言，仍然存在如下许多问题，比如说有时差价合约之间的差价波动幅度异常，不能合理地反映全部持有成本；拥有套利敞口头寸的持有成本较高，套利机会消失的等待时间较长；定价错误相对较大；缺乏鼓励跨期套利交易的制度设计；持仓限制过于严格等等。因此，我国期货市场的效率还有待提高。

解决这些问题可以采取如下措施：

1. 健全期货市场制度。若要提高期货市场的效率，当务之急是在制度上进行创新，降低套利交易的交易成本，完善交割制度，采取有效的措施防止市场操纵问题，充分发挥套利在完善市场机制中的作用。我国的期货市场属于新兴的金融市场，在期货市场的发展过程中，制度上的缺陷常常会导致差价不合理的异常波动，从而造成市场维护效率内在机制的缺失，最终限制市场的发育。

2. 我国应大力发展金融工程技术以提高期货市场的效率，缩小理论价格和实际价格的偏离。金融工程的创新活动，支持了利用市场失效的机会进行套利和投机，在这个过程中，同时也就消除了这种市场失效的机会。因此，金融工程所创造的新的套利和投机技术，又成为提高市场效率的推动力，可以使得理论价格和实际价格的偏离大大缩小。可以推想：随着金融市场的发展演化，市场的效率将越来越高。金融工程的发展，则是市场发展其效率的技术源泉。而市场的有效率性，从根本上讲，是同市场信息披露和传播以及对信息做出反应的效率紧密联系的。

2.4 本章小结

在这一章，笔者对有效市场假设进行了实证方面的检验。一方面，运用单位根结合自相关检验的方法以及应用方差比检验对随机游走假设进行检验，从而基本认定铜、大豆、小麦期货市场是弱式有效的；另一方面，结合协积方法论证小麦期货市场和大豆期货市场同样呈弱式市场有效状态。这些结果说明中国期货市场经过近几年的治理整顿开始从无序走向初步规范化发展，表明中国期货市场能比较有效地对市场信息做出反应，市场化程度较高，也进一步证实了我国期货市场对资源的合理配置及其对经济发展所起的积极作用。另外，在此基础上，对有效市场假设的理论内涵进行了更深入的探讨，即经计量方法证明呈弱式有效性的商品期货市场，必然会出现暂时性的失衡，也就是说市场不可能时时有效，只能从总体上看是有效的。即在完美市场情况下，不同到期合约之间的差价不会长期超过其全部持有成本之差；同理，在不完美市场情况下，期货合约的差价不能长期获得额外的利润。也就是说，投机者对信息变动的反映会导致暂时性的市场失衡，但充分的套利行为这一市场自我纠正机制将使这种暂时性失衡回复到均衡。

3 商品期货价格形成机制

如果期货市场满足市场有效性假设，期货价格反映了所有可得到的市场信息，那么在风险中性假设条件下，期货价格应是未来现货市场价格的一个无偏估计，期货市场价格发现功能得到有效的发挥。一旦期货价格偏离市场的预期，投机者就会利用期货市场定价的错误进行交易，使得期货价格与市场对合约到期日现货价格之间的偏差消失。因此，在竞争、有效的市场中，期货价格应该是未来期望现货价格的无偏估计，由于无套利机制的约束，两者之间的偏差不会长期存在。期货市场的价格发现功能是指期货价格可以预测到未来现货市场的价格，并对现货市场的价格走向具有一定的引导作用。对价格发现功能的实证检验具有十分重要的理论与现实意义。借此我们可以了解期货价格是否能够担当现货价格预测的任务，了解在何种情形下期货市场价格发现作用得不到有效地发挥。这不仅有助于从事套期保值、套利和投机交易的市场参与者理解期货价格与现货价格变动的机制，而且有利于交易所的管理和政府部门的监管，从而进一步推动市场的发展。

在本章中我们讨论商品期货价格形成机制及制度对其产生的影响，并在上一章期货市场满足市场有效性假设实证结论的基础上进一步论证风险中性条件下我国商品期货价格是未来现货市场价格的无偏估计。

3.1 无套利原理与商品期货的理论价格

本节将讨论远期价格和期货价格与其标的资产价格之间的相互关系。因为不是每日结算，分析远期合约一般来说比分析期货合约容易些。因此，本节大多数分析是直接进行远期定价而非期货定价。当同一资产的远期和期货两种合约的到期日相同时，该资产的远期价格和期货价格是非常近似的，即可以认为所获得的有关远期价格的结论也适用于期货价格。

本节将明确区分两类资产：一类是众多投资者仅为了进行投资而持有的资产；另一类是几乎完全为了进行消费而持有的资产。基于前一类资产的远期和期货价格能够以相对直接的方法进行定价，而那些基于后一类资产的合约却不能这样定价。

本章中将要用到的符号如下：

F：远期合约到期的时刻（年）；

t：现在的时刻（年）；

S：远期合约标的资产在时刻 t 时的价格；

S_T：远期合约标的资产在时刻 T 时的价格（在 t 时刻这个值是未知的）；

K：远期合约中的交割价格；

f：时刻 t 时，远期合约多头的价值；

F：时刻 t 时的远期价格；

r：对 T 时刻到期的一项投资而言，时刻 t 以连续复利计算的无风险利率。

1. 远期价格的定价。本节对如下几方面的远期合约提供了解答：一是无收益的证券；二是提供已知现金收益的证券；三是提供已知红利收益的证券。在本章中，我们假定对部分市场参与者而言，以下几条假设全部是正确的：无交易费用；所有的交易利润（减去交易损失后的净额）使用同一税率；市场参与者能够以相同的无风险利率借入和贷出资金；当套利机会出现时，市场参与者将参与套利活动。注意，我们并不要求这几条假设对所有的市场参与者都是正确的。我们只要求这些假设对部分参与者是正确的，例如大的投资机构。这并非不合情理。投资者一旦发现套利机会就会进行套利，这意味着在现实中一出现套利机会，很快就会消失。因此，以上假设的含义是：市场价格就是无套利机会时的价格。

最容易定价的远期合约是基于不支付收益证券的远期合约。不付红利的股票和贴现债券就是诸如此类的证券。由于没有套利机会，对不支付收益证券（no - income security）而言，该证券远期价格 F 与现价 S 之间关系应该是：

$$F = Se^{r(T-t)} \tag{3.1}$$

为了证明以上式子，先假设 $F > Se^{r(T-t)}$。一个投资者可以以无风险利率借 S 美元，期限为 $T-t$，用来购买该证券资产，同时卖出该证券的远期合约。在时刻 T，资产按合约中约定的价格 F 卖掉，同时归还借款本息 $Se^{r(T-t)}$。这样，在时刻 T 就实现了 $F - Se^{r(T-t)}$ 的利润。反之，假设 $F < Se^{r(T-t)}$，投资者可以卖出该标的证券，将所得收入以年利率 r 进行投资，期限为 $T-t$，同时购得该资产的远期合约。在时刻 T，投资者以合约中约定的价格 F 购买资产，冲抵了原来的空头，实现的利润为 $Se^{r(T-t)} - F$。

支付已知现金收益证券的远期合约，如支付已知红利的股票和付息票的债券。设 I 为远期合约有效期间所得收益的现值，贴现率为无风险利率，由于没有套利机会，F 和 S 之间的关系应是：

$$F=(S-I)e^{r(T-t)} \tag{3.2}$$

证明以上式子类似不支付收益证券的远期合约，从略。

支付已知红利率证券的远期合约，如可以认为货币和股票指数是提供已知红利收益率的证券。假设红利收益率按照年率 q 连续支付，F 和 S 之间的关系应是：

$$F=Se^{(r-q)(T-t)} \tag{3.3}$$

2. 远期价格和期货价格。John Hull 给出了一个套利的讨论，指出：当无风险利率恒定，且对所有到期日都不变时，两个交割日相同的远期合约和期货合约有同样的价格。该讨论还可以扩展到利率为一个已知的时间函数的情形。

当利率变化无法预测时（正如现实世界中的一样），远期价格和期货价格从理论上来讲就不一样了。我们对两者之间的关系能有一个感性认识。考虑如下情形：标的资产价格 S 与利率高度正相关。当 S 上升时，一个持有期货多头头寸的投资者会因每日结算而立即获利。由于 S 的上涨几乎与利率的上涨同时出现，获得的利润将会以高于平均利率的利率进行投资。同样，当 S 下跌时，投资者立即亏损。亏损将以低于平均利率水平的利率融资。持有远期多头头寸的投资者将不会因利率的这种变动方式而受到与上面期货合约同样的影响。因此，在其他条件相同时，期货多头比远期多头更具有吸引力。当 S 与利率正相关性很强时，期货价格要比远期价格高。当 S 与利率的负相关性很强时，类似上面的讨论可知远期价格比期货价格要高。

有效期仅为几个月的远期合约价格与期货合约价格之间的理论差异在大多数情况下时小得可以忽略不计的。因此在大多数情况下，我们假定远期和期货价格相等。符号 F 既可代表期货价格又可代表远期价格。但是，随着期货合约期限的增加，远期合约与期货合约价格之间的差别有可能变得较大，因此假设远期合约价格与期货合约价格可以完全相互替代可能是危险的。

有一些对远期和期货合约进行比较的实证研究论文。如 Cornell 和 Reinganum 研究了 1974 ~ 1979 年间英镑、加拿大元、德国马克、日元以及瑞士法郎的远期和期货价格。他们发现在统计意义上，两个价格之间没有显著的差别。Part 和 Chen 研究了 1977 ~ 1981 年间的英镑、德国马克、日元和瑞士法郎，得出了相同的结论。French 研究了 1968 ~ 1980 年间的铜和白银。结果显示白银的期货价格和远期价格有明显的差异（5% 的置信区间），期货价格通常比远期价格高。铜的研究结果没有这么显著。Part 和 Chen 研究了 1977 ~ 1981 年间的黄金、白银、银币、铂、铜以及胶合板，他们的研究结果与 French 对白银的研究结果是类似的：期货价格与远期价格有显著的不同，且期货价格高于远期价格。Rendleman 和 Carabini 研究了 1976 ~ 1978 年间的短期国债市场，他们也发现期货价格与远期价格在统计意义上有明显的不同。

3. 商品期货定价。下面我们考虑商品期货合约。这里可以看到，将商品区分为如下两大类是十分重要的，即为投资目的而由相当多的投资者所持有（如黄金和白银）商品为消费目的所持有的商品。对投资目的的商品，我们可以通过套利讨论得出准确的期货价格。但是，对消费目的的商品来说，套利讨论只能给出期货价格的上限。

情形一：基于投资目的的商品期货定价。

虽然黄金和白银具有一些商业用途，但它们为众多投资者所拥有，目的仅仅就是投资。如果不考虑存储成本，黄金和白银类似于无收益的证券。采用前面的符号，S 是黄金当前的现货价格。由式（3.1）可知，远期价格 F 为：

$$F = Se^{r(T-t)} \tag{3.4}$$

存储成本可看作是负收益。设 U 为期货合约有效期间所有存储成本的现值，则：

$$F=(S+U)e^{r(T-t)} \tag{3.5}$$

若任何时刻的存储成本与商品价格成一定比例，存储成本可看做是负的红利收益率。在这种情况下：

$$F=Se^{(r+u)(T-t)} \tag{3.6}$$

这里，u 是每年的存储成本与现货价格的比例。

情形二：消费目的的商品期货定价。

对于那些持有的主要目的不是为了投资的商品来说，推导公式(3.4)、(3.5) 和 (3.6) 的套利讨论需要仔细重新考虑。假设式(3.5) 的等式不成立，有：

$$F>(S+U)e^{r(T-t)} \tag{3.7}$$

为利用该式存在的好处，某套利者应采用如下策略：

步骤 1：以无风险利率借金额为 $S+U$ 的资金，用来购买一单位的商品和支付存储成本；

步骤 2：卖出一单位商品的期货合约。

若我们认为期货合约与远期合约相同，这必将在时刻 T 时获利 $F-(S+U)e^{r(T-t)}$。对任何商品采用这套策略都没有问题。但是，当许多套利者都这样操作时，S 将上涨，而 F 将会下跌，直到式 (3.7) 不再成立。因此，我们的结论是式 (3.7) 不能维持很长时间。

下面再假设：

$$F<(S+U)e^{r(T-t)} \tag{3.8}$$

我们可以采用某种策略来套利，该策略与不付红利股票的远期合约在远期价格很低时采用的套利策略相同。但是，该策略在卖出商品时存储成本支付给了卖出商品的人，这一般来说是不可能的。

对黄金和白银，我们知道许多投资者持有的目的仅仅是为了投资。当他们发现式 (3.8) 中的不等式的关系时，他们将从如下的策略中盈利：

步骤1：卖出商品，节约存储成本，以无风险利率将所得收入进行投资；

步骤2：购买期货合约。

相对于单独仅持有黄金和白银的投资者而言，以上策略在到期日的无风险利润为$(S+U)e^{r(T-t)}-F$。因此，式（3.8）也不能长期成立。既然公式（3.7）和（3.8）都不能长期成立，我们一定有：$F=(S+U)e^{r(T-t)}$。

对于持有目的主要不是投资的商品来说，以上讨论不再适用。个人或公司保留商品的库存是因为其有消费价值，而非投资价值。因此他们不会积极主动地出售商品购买期货合约，因为期货合约不能消费。因此公式（3.8）得已存在下去。由于公式（3.7）不能长久成立，对消费目的我们可以说：

$$F\leqslant(S+U)e^{r(T-t)} \tag{3.9}$$

若存储成本用现货价格的比例u来表示，则有：

$$F\leqslant Se^{(r+u)(T-t)} \tag{3.10}$$

当$F<Se^{(r+u)(T-t)}$时，商品使用者一定会感到持有实实在在的商品比持有期货合约是有好处的。这些好处包括：从暂时的当地商品短缺中获利或者具有维持生产线运行的能力。这些好处有时称为商品的便利收益（convenience yield）。如果存储成本可知，且现值为U，便利收益y可定义为：

$$Fe^{y(T-t)}=(S+U)e^{r(T-t)}$$

若每单位的存储成本为现货价格的固定比例u，则y定义为：

$$Fe^{y(T-t)}=Se^{(r+u)(T-t)}$$

即：

$$F=Se^{(r+u-y)(T-t)} \tag{3.11}$$

便利收益简单地衡量了公式（3.9）或（3.10）中等式左边小于右边的程度。便利收益反映了市场对未来可获得性的期望。在期货合约有效期间，商品短缺的可能性越大，则便利收益就越高。若商品使用者拥有大量的库存，则在不久将来出现商品短缺的可能性就越小，从而便利收益会比较低。另一方面，较低的库存会导致较高的便利收益。

4. 期货定价理论：持有成本模型。期货价格和现货价格之间的关系可用所谓的持有成本来描叙。它包括存储成本加上融资购买资产所支付的利息，再减去资产的收益。对不支付红利的股票，持有成本就是 r，因为既无存储成本，又无收益；对一个股票指数，持有成本为 $r-q$，因为资产的收益率为 q；对货币而言，持有成本为 $r-r_f$；对商品而言，若其存储成本占价格的比例为 u，则持有成本为 $r+u$；依此类推。

设持有成本为 c。对投资性资产，期货价格为：

$$F = Se^{c(T-t)}$$

对消费性资产，期货价格为：

$$F = Se^{(c-y)(T-t)}$$

这里，y 为便利收益。

3.2 期货价格和预期将来的现货价格

3.2.1 期货价格和预期将来的现货价格

有一个经常提到的问题，就是某资产的期货价格是否等于其预期的将来的现货价格。若你打算猜测 3 个月后某资产的价格，其期货价格是否是无偏估计呢？John Maynard Keynes 和 John Hicks 于 20 世纪 30 年代对此进行了讨论，认为如果对冲者倾向于做空头而投机者倾向于做多头，则期货价格将低于预期的将来的即期价格。这是因为投机者承担的风险需要补偿。他们只在预期期货价格将上涨的情况下才会进行交易。另一方面，由于对冲者减少了风险，因而对冲者在进行对冲时会接受轻微的损失。若对冲者做多头而投机者做空头，Keynes 和 Hicks 认为，期货价格一定高于预期的将来的现货价格。原因是类似的，为了补偿投机者承担的风险，投机者一定预期期货价格随时间而下降。

期货价格低于预期未来现货价格的情形被称为现货溢价（normal backwardtion），而期货价格高于预期未来现货价格的情形被称为期货溢价（contango）。

一般来说，一项投资的风险越高，投资者要求的期望收益将越高。资本资产定价模型的结论认为，经济生活中存在系统风险和非系统风险这两类风险。对投资者而言，非系统风险并不重要，因为可以通过高度分散化的组合来消除它。投资者承担非系统风险不应要求更高的收益。但是，系统风险不能通过分散化消除。它由投资收益与股票市场整体收益的相关性决定。因此，若承担的系统风险为正值，投资者通常要求高于无风险利率的收益。同样，若承担的系统风险为负值，投资者也会接受低于无风险利率的收益。

考虑一个做期货多头的投机者，他希望资产的价格在到期日时能高于期货价格。我们假设投机者将期货价格的现值在 t 时刻以无风险利率投资，同时买入期货合约。设期货合约与远期合约运作方式相同，交割日期为 T。无风险投资的所得将在交割日用来购买资产，然后立即以市场价格将该资产卖掉。对投机者而言，其现金流为：

时刻 t：$-Fe^{-r(T-t)}$；

时刻 T：$+S_T$；

S_T 为时刻 T 时资产的价格。

此次投资的现值为：

$-Fe^{-r(T-t)}+E\ (S_T)\ e^{-k(T-t)}$

这里，k 为与此项投资相对应的贴现率（即它是投资者对该投资的期望收益率），E 代表期望值。假设证券市场上所有的投资机会的净现值均为零：

$$-Fe^{-r(T-t)}+E(S_T)e^{-k(T-t)}=0$$

即：$F=E(S_T)e^{(r-k)(T-t)}$ (3.12)

k 值取决于投资的系统风险。若 S_T 与股票市场整体水平不相关，则该投资的系统风险为零，这时，$k=r$，由式（3.12）可知 $F=E\ (S_T)$；若 S_T 与股票市场整体水平正相关，则该投资的系统风险为正，这时，$k>r$，由式（3.12）可知 $F<E(S_T)$；最后，若 S_T 与股票市场整体水平负相关，则该投资的系统风险为负，这时，$k<r$，由式（3.12）可知$F>E(S_T)$。

3.2.2 国外实证结论回顾

如果 $F=E(S_T)$，期货价格随着市场预期未来现货价格的态度变动而上下波动。在较长的一段时间内，我们可以合理地假设市场对未来现货价格的期望值时上时下，几率相同。因此，当 $F=E(S_T)$时，长期持有期货合约多头头寸的平均利润应为 0。$F<E(S_T)$的情况对应于系统风险为正值的情况，由于在合约到期时，期货价格和现货价格应该相等，这意味着平均来说，期货价格应上涨，交易者长期持有期货合约多头头寸将会带来正的利润；同理，$F>E\ (S_T)$ 的情况意味着交易者长期持有期货合约空头头寸将带来正的利润。

期货价格实际表现如何呢？根据一些实证研究的文章，结论是含糊不清的。Houthakker 研究了 1937 ~ 1957 年间的小麦、棉花和玉米的期货价格，发现做期货多头明显能获得利润。这说明玉米投资具有正的系统风险，且 $F<E(S_T)$。Telser 的研究结果与 Houthakker 的结论不一致。他研究了 1926 ~ 1950 年间的棉花和

1927 ~ 1954 年间的小麦的价格，发现做多头或做空头并不能带来明显的利润。Telser 说："没有任何证据证明期货价格违背了简单的假设：即期货价格是期望的未来现货价格的无偏估计"。Gray 研究了 1921 ~ 1959 年间的玉米期货价格，得出了与 Telser 类似的结论。Dusak 运用 1952 ~ 1967 年间玉米、小麦和大豆的数据，用另一种方法进行了研究。它通过计算商品价格与 S&P500 的相关性来估计投资于这些商品的系统风险。结果是没有系统风险，并支持 $F = E(S_T)$ 的假设。然而，近来由 Chang 对同样的商品采用了更为先进的统计技术进行的研究却支持 $F < E(S_T)$ 的假设。

3.2.3 对我国小麦和大豆市场的实证检验

1. EG 协整检验。为检验两变量 x_t 和 y_t 是否协整，Engle 和 Granger 于 1987 年提出了两步检验法，称为 EG 检验。序列 x_t 和 y_t 若都是 d 阶单整的，用一个变量对另一个变量回归，即有：

$$y_t = \alpha + \beta x_t + \varepsilon_t \tag{3.13}$$

用 $\hat{\alpha}$ 和 $\hat{\beta}$ 表示回归系数的估计值，则模型残差估计值为：

$$\hat{\varepsilon} = y_t - \hat{\alpha} - \hat{\beta} x_t$$

若 $\hat{\varepsilon} \sim I(0)$，则 x_t 和 y_t 具有协整关系，且 $(1, -\hat{\beta})$ 为协整向量，(3.13) 为协整方程。

令 s_t 为时刻 t 购买的商品现货价格的对数，$f_{t+k|t}$ 为时刻 t 的 k 期期货合约价格的对数，继续第一章期货价格和现货价格之间的长期关系的讨论。协整方程如下：

$$s_{t+1} = \beta_0 + \beta_1 f_t + u_{t+1}$$

首先，分别对序列 s_{t+1} 和 f_t 进行单整检验，采用 ADF 和 PP 检验方法，检验结果为二者均为 I（1）过程（参第二章结论）。

第二步是用变量 s_{t+1} 对 f_t 进行普通最小二乘回归，在主窗口命令行输入 $Ls \quad s_{t+1} \quad c \quad f_t$，回车得到回归模型的估计结果。此时模型估计残差序列存储在默认序列对象 resid 中，但最好新生成一个序列以保存结果，输入命令 Series e = resid。

回归方程估计残差序列 e 的取值如图 3-1、图 3-2。

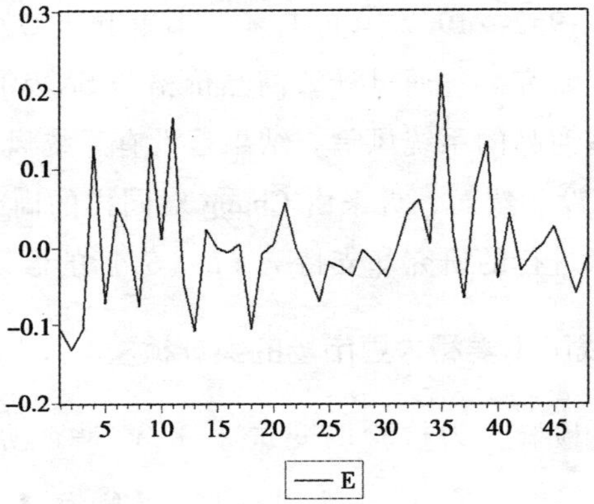

图 3-1　小麦残差序列 e 的折线图

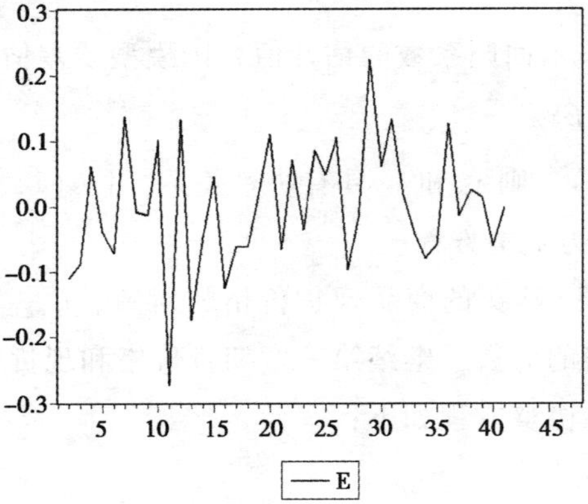

图 3-2　大豆残差序列 e 的折线图

最后对大豆和小麦序列 e 做单位根检验，ADF 检验结果见表 3-1、表 3-2。

表 3－1　　小麦序列 e 的 ADF 检验结果

Null Hypothesis：E has a unit root			
Exogenous：Constant			
Lag Length：0（Automatic based on SIC，MAXLAG＝4）			
		t－Statistic	Prob. *
Augmented Dickey－Fuller test statistic		－6.868851	0.0000
Test critical values：	1% level	－3.577723	
	5% level	－2.925169	
	10% level	－2.600658	

* MacKinnon（1996）one－sided p－values.

表 3－2　　大豆序列 e 的 ADF 检验结果

Null Hypothesis：E has a unit root			
Exogenous：Constant			
Lag Length：0（Automatic based on SIC，MAXLAG＝4）			
		t－Statistic	Prob. *
Augmented Dickey－Fuller test statistic		－7.771211	0.0000
Test critical values：	1% level	－3.610453	
	5% level	－2.938987	
	10% level	－2.607932	

* MacKinnon（1996）one－sided p－values.

由于大豆和小麦序列 e 检验统计量值小于显著性水平 0.05 时的临界值，因此可以认为估计大豆和小麦残差序列 e 为平稳序列，表明大豆和小麦序列 s_{t+1} 和 f_t 具有协整关系。

2. JJ 协积检验。上一章对现货价格序列与期货价格序列进行协积检验时发现大豆和小麦的各组现货价格与期货价格序列在 5% 的显著水平上拒绝 $r=0$ 的原假设，而各组序列在 5% 的显著水平上，不论是迹统计量还是最大特征值统计量，都不能拒绝 $r=1$ 的原假设，这表明每组价格序列间确实存在着一个协积关系。而且，也已证实在5%的显著性水平上不能拒绝协积向量为（1，-1），即不能拒绝公式（3.13）中的$\beta=1$。且小麦协积关系为：

$$\text{Vecm}=s_{t+1}-1.114813f_t+0.834364$$

大豆协积关系为：

$$\text{Vecm}=s_{t+1}-1.043273f_t+0.338285$$

3. 期货价格无偏性检验。根据EG协积检验结论和JJ协积检验结论，我们推定期价与现价之间确实存在着一个协积关系。进一步，我们希望知道，期货价格是否能预测未来的现货价格？也就是说，期货价格能够发挥其价格发现的功能吗？下面我们将对协积方程的参数进行无偏性检验。长期无偏性假设的检验，即（0，1）参数约束的检验，通常应用Johansen似然比检验方法进行。检验统计量为：

$$-2LR = T\sum_{i=1}^{r}\text{Log}[(1-\lambda_i)/(1-\lambda_i^*)] \sim \chi^2(r)$$

从表3-3可以看到，从长期来看，在5%的显著性水平下，小麦和大豆为未来现货价格的预测提供了无偏估计，因而小麦和期货市场没有系统风险，这也进一步对上一章的有效性假设进行了强有力的论证。

表3-3　　协积方程参数约束的Johansen检验①

商品	$\alpha=0$	P value	$\beta=1$	p value	$\alpha=0$，$\beta=1$	p value
小麦	0.105	0.746	2.446	0.118	0.391	0.511
大豆	0.073	0.787	1.405	0.236	0.244	0.621

① 表3-3中的检验结果通过Eviews的Ecm Model3为基础层层施加参数约束来计算。

3.3 涨跌停板制度对期货价格的扭曲

在历经风险事件的沐浴后，从 1996 年开始，在中国证监会的统一部署下，涨跌停板制度、大户报告制度、持仓限制制度、市场准入制度等等一系列市场风险管理的规范性制度得以建立。有了相对合理的头寸限额约束，就可以基本避免垄断操纵倾向的发生；有了交易者资格条件的审核把关，就可以保证交易操作的高水准和高效率；有了科学、严格的保证金要求，就基本保证了履约的信誉；有了价格波动幅度的限制，就可以抑制价格短时间内大幅度跳动，从而保持价格的相对连续性、稳定性；有了每日盯市的结算制度，就可以将市场风险的变化控制在相对最小的时间单位，将交易风险的分布控制在相对最小的经济单位，使违约成为不可能，这就在量上大大降低了市场风险的激化和发生。

以涨跌停板制度为例。涨跌停板制度规定的目的是为了抑制市场价格单方向发展的势头，保护市场参与各方的利益，控制市场风险，抑制过度投机的措施。但有时事与愿违。在目前交易所交易的过程中，当大户联手操纵市场，左右价格走势，企图逼死对手时，涨跌停板制度往往在客观上起到了推波助澜的作用。因为当期货价格连续几天的无量上升或无量下跌时，并没有控制住交易风险。建有反向头寸的一方根本没有逃命的机会，只能眼睁睁地看着价格一天比一天糟糕，亏损一天天加大而束手无策，往往有相当多的会员（或客户）暴仓。对于这种情况。我国各交易所根据这一情形制定切实可行的补充措施，来控制期货价格的单边走势问题，比如中商交易所，曾采取当天调整涨跌停板的办法，促使有利一方尽快脱手出场，不利一方赶紧逃命，使得市场出现极度不正常的单方向无量价格趋向的情况减少。郑州商品交易所也曾采取强烈的手段，甚至通过强行调整结算价的方法来扼制价格的单边走势。无可置疑，如果交易所站在公正的立场上执行这些制度措施，照顾市场参与者各方的利益，是能够让价格走势相对平稳顺利地发展，而不是暴涨暴跌。涨跌停板制是一种手段，交易所的关键是针对要达到的目的，对这一制度有必要因时、因势加以完善。

第一节曾讨论过国外的一些对远期和期货合约进行比较的实证研究论文，如 Part 和 Chen 研究了 1977 ~ 1981 年间的黄金、白银、银币、铂、铜以及胶合板，他们的研究结果发现：期货价格与远期价格有显著的不同，且期货价格高于远期价格。笔者认为，风险管理制度也许是导致二者差别的重要原因。但问题是这些风险管理制度是一把双刃剑，它一方面控制和化解了风险；另一方面也扭曲了市场价格。本节将以涨跌停板制度为例来说明期货价格对持有成本理论价格的偏离。

3.3.1 无套利投资组合模型的构造

1. 模型的基本介绍。价格限制是期货合约的共同特征。设计它们表面上是为了预先阻止或阻止交易期间价格波动过大而发生违约风险，价格限制在期货合约设计中已被证实扮演着重要角色。价格限制在期货价格的行为方式和统计性质的影响已经有一些学者研究。本节目的在于发展价格约束条件下的期货定价模型。模型并不打算论证价格限制的福利效应。若缺乏价格限制，期货价格将会受到违约风险和其他一些成本的影响。这些成本很难被界定，因而价格限制效应在期货定价模型（如持有成本模型）一般被忽略。本节设计的模型目的在于论证价格限制约束下的期货价格与传统持有成本价格之间的差别程度。也就是说，该模型提供了价格限制的直观的经济解释。

考虑简单情形。期货价格零时刻为 f_0，时刻 1 和时刻 2 分别移动到f_1和f_2。令f_1显著低于f_0且$f_2=f_0$，期货合约的持有者以f_0购买以f_2出售不会获利，事实上，会有亏损。这是因为在时刻1逐日盯市，必须融资（f_0-f_1）以补充保证金账户。假定价格限制$L<f_0-f_1$，那么时刻1将以L结算，损失将只有f_0-L。则下一交易日只需融资（f_0-L）。反之，价格限制将减少能被再投资的收益。尽管合约最终以购买价计算损益，但有限制时的路径潜在地区别于无限制时的路径。这一路径依赖可能影响期货价格。

以相对低的价格购买期货合约的交易者，由于价格限制下移的可能性更大，他将从较低限制中获利，因而期货价格会较高。以相对高的价格购买期货合约的交易者，由于价格限制上移的可能性更大，他将从较高限制中获损，因而期货价格会较低。只有一个价位使得这些效应彼此抵消从而使得期货价格和持有成本价格无差异。但在所有其他的价位，价格限制效应能被观察到。

因此，为测度价格限制效果而设计的模型，应该把握住价格限制两种可能变动的相对效果。不理会这一事实，正如不理会无价格限制情形下远期和期货价格的差异一样。很明显，在特定条件下差异消失，但在其他条件下差异同交易成本一样显著。价格限制情形亦如此。

强调如下假定很重要，即交易所实施的价格限制能确保所有盈亏被结清。假定价格突破价格限制，买卖双方同意或者以持有成本价在交易所外交易，或者以限制价一方向另一方单边支付。此时价格限制没有效力。通过单边支付以绕开价格限制，交易者将会认为为防止违约风险而设计的价格限制是不必要的。本节集中于如下问题：交易所交易的期货在价格限制情形下如何定价。下一部分将会设计一个期货市场的两期模型，价格限制设定在一期期末。

2. 价格约束条件下期货定价的两期模型。假定在一个外生的现货市场，现货资产的价格由无约束价格的一般均衡过程确定。现货资产既没有分红或息票的现金流，也没有便利收益和物理存储成本。这些假定易于被放松。同时也假定没有税收或交易成本，所有投资者能以固定的连续复利无风险利率 r 借贷。

假设期货合约在时刻 T 到期。期货的生命周期被分成不同的时间段，称之为结算区间，长度为 i。在每一结算区间的终点，结算价格被确定，盈亏被分配。

当前机构惯例是将结算区间的长度设定为一天。在总模型中避免了这一限制，因为没有特定的理由可以解释为什么结算区间不能比一天更长或更短。下文将会展示结算区间的长度将会对期货价格产生影响。

最后的结算区间起于时刻 $T-i$，止于时刻 T。假定在最后的结算区间交易不受价格限制的约束。这一假定有点类似真实世界，即交割月不实施价格限制以免妨碍期货价格向现货价格的收敛。因而，在这一模型中 $S_T=f_T$，而 S 和 f 分别代表现货和期货价格。

紧邻的结算区间起于时刻 $T-2i$，止于时刻 $T-i$。这一区间段实施了价格限制。时刻 $T-2i$ 的结算价为 f^S_{T-2i}，价格限制即结算价分别加减 α_H 和 α_L。当前机构惯例是价格限制对称（$\alpha_H=\alpha_L$），但此时并不急于如此假定。从 $T-2i$ 至 $T-i$ 的结算区间的限制价格是：$H_{T-i}=f^S_{T-2i}+\alpha_H$，$L_{T-i}=f^S_{T-2i}-\alpha_L$。在此区间不可能发生高于 H_{T-i} 和低于 L_{T-i} 的交易。此外，$T-i$ 时刻的结算价也必定在限制之内。

由于最后的结算区间没有价格限制约束，故在此区间内期货价格易于确定。令 j 代表区间（$T-i$，T］内的某一时刻，期货价格由下式给出：

$$f_j=S_je^{r(T-j)} \qquad \forall\, T-i<j\leqslant T \tag{3.14}$$

这就是源自于无套利分析的著名的持有成本公式。

但主要问题是期货价格如何被价格限制影响。因而，在结算区间［$T-2i$，$T-i$］的某一时间点必须被考察。令 t 是这样的一个时点。此时期货合约的到期日为 $T-t$，而保留在结算区间的时间是（$T-i$）$-t=\tau$。

如果没有价格限制，期货合约将由持有成本公式给定。这一期货价格在本节中很重要，为区别起见，指定期货的持有成本价为 $\bar{f}_t$，此时：

$$\bar{f}_t = S_t e^{r(T-t)} \qquad \forall t \tag{3.15}$$

期货合约多头持有者在 $T-i$ 时刻盈利为 $f^S_{T-i} - f_t$，即：

$L_{T-i} - f_t$ 若 $\bar{f}_{T-i} \leqslant L_{T-i}$

$\bar{f}_{T-i} - f_t$ 若 $L_{T-i} < \bar{f}_{T-i} < H_{T-i}$

$H_{T-i} - f_t$ 若 $\bar{f}_{T-i} \geqslant H_{T-i}$

3. 定价公式。下一部分解决时刻 t 的期货价格 f_t。假定期货的欧式期权能被设计。个人被允许进入私营的期权合约，甚或场外期权。当然合约设计为任意的执行价和到期日。这些合约能以期货持有成本价开出。执行价 X 到期日为 $T-i$ 的看涨期权将会有盈利 Max（0，$\bar{f}_{T-i} - X$）。执行价 X 到期日为 $T-i$ 的看跌期权将会有盈利 Max（0，$X - \bar{f}_{T-i}$）。注意期权盈利不受价格限制的影响，这是因为合约双方均认为持有成本价总能被确定，盈利可被确认并能以现金结清。期权价格分别写为 c（$\bar{f}_t$，H_{T-i}，τ）和 p（$\bar{f}_t$，L_{T-i}，τ）。现在不必确定期权价格准确的函数形式。以后将附加一些假定以确定期权定价的函数形式。

期货能通过建立一个包含期货的套利投资组合来定价。由于期货不能超出价格限制买卖，故假定当前期货价格在限制内。考虑下面的投资组合。在时刻 t，（a）以价格 S_t 购买 $1/K$ 单位现货资产。这儿 $K = e^{-ri}$，（b）以价格 f_t 出售一份期货合约，（c）购买 $1-K$ 份上述执行价 L_{T-i}、到期日 $T-i$ 的看跌期权，（d）出售 $1-K$ 份上述执行价 H_{T-i}、到期日 $T-i$ 的看涨期权，（e）出售面值 f_t、到期日 $T-i$ 的贴现债券。在时刻 $T-i$ 期货被以结算价盯住市场，结算价在限制价内或为限制价。看跌期权、看涨期权、债券到期，套利者将清算［(1/K) -1］份现货资产，并保留一份资产和一份期货进入第二期。K 份新债券以结算价的当前值发行。表 3-4 陈述这一投资组合形式。这份投资组合在到期日被完美套期保值并承诺以零值结清。因而：

$$(1/K)S_t + (1-K)p(\bar{f}_t, L_{T-i}, \tau) - (1-K)c(\bar{f}_t, H_{T-i}, \tau) - e^{-r\tau}f_t = 0$$

移项解得 f_t：

$$f_t = S_t e^{r(T-t)} + e^{r\tau}(1-K)[p(\bar{f}_t, L_{T-i}, \tau) - c(\bar{f}_t, H_{T-i}, \tau)] \quad (3.16)$$

代入期货的持有成本价：

$$f_t = \bar{f}_t + e^{r\tau}(1-K)[p(\bar{f}_t, L_{T-i}, \tau) - c(\bar{f}_t, H_{T-i}, \tau)] \quad (3.17)$$

因而，期货价格偏离均衡期价，偏差为[①]：

$$e^{r\tau}(1-K)[p(\bar{f}_t, L_{T-i}, \tau) - c(\bar{f}_t, H_{T-i}, \tau)]$$

既然持有成本价即远期价格，如果偏差不为零的话，那么考虑了价格限制后的期货价格将不同于远期价格。

正如介绍里所讨论的，价格限制的设计对期货合约持有人而言有着下降优势和上升劣势。因而价格优势类似于领形组合。方程(3.17) 显示服从于价格限制的期货价格等价于无价格限制约束的期货价格加上一调整项。调整项为 $e^{r\tau}(1-K)[p(\bar{f}_t, L_{T-i}, \tau) - c(\bar{f}_t, H_{T-i}, \tau)]$。因而，在模型的假设条件下，期权价格是到期日盈利期望的贴现，看跌期权等于 $e^{-r\tau}E[\max(0, L_{T-i} - \bar{f}_{T-i})]$，看跌期权等于 $e^{-r\tau}E[\max(0, \bar{f}_{T-i} - H_{T-i})]$。因而，期货价格可以写成：

$$f_t = \bar{f}_t + (1-K)[E(\mathrm{Max}(0, L_{T-i} - \bar{f}_{T-i})) - E(\mathrm{Max}(0, \bar{f}_{T-i} - H_{T-i}))]$$

这一公式提供了一个更清晰的价格限制的解释。项 $E[\mathrm{Max}(0, L_{T-i} - \bar{f}_{T-i})]$ 是价格限制下移的期望损失的减少，而项

① 这里的偏差是受限制的实际期货价与持有成本价的差额，不应该与期货与未来现货价格的偏差相混淆。

$E[\text{Max}(0, \bar{f}_{T-i}-H_{T-i})]$是价格限制上移的期望盈利的减少。乘子项$1-K$是下一日利率。因而，有价格限制的期货价等于无价格限制期货价加上由限制移动而导致结算利益净盈亏的期望值。很明显，价格限制附随于正利率。若$r=0$，则$K=1$，偏差消失（见表3-4）。

表3-4　　跨期无套利投资组合的支付

价格限制约束下的包含期货合约的投资组合的支付

给定时刻$T-i$的支付

	$\bar{f}_{T-i}\leqslant L_{T-i}$	$L_{T-i}<\bar{f}_{T-i}<H_{T-i}$	$\bar{f}_{T-i}\geqslant H_{T-i}$
Spot	$((1/K)-1)S_{T-i}$	$((1/K)-1)S_{T-i}$	$((1/K)-1)S_{T-i}$
- Futures	$-(L_{T-i}-f_t)$	$-(\bar{f}_{T-i}-f_t)$	$-(H_{T-i}-f_t)$
(1-K) Puts	$(1-K)(L_{T-i}-\bar{f}_{T-i})$	0	0
-(1-K) Calls	0	0	$-(1-K)(\bar{f}_{T-i}-H_{T-i})$
- Bonds	$-f_t$	$-f_t$	$-f_t$
Total	$-KL_{T-i}$	$-KL_{T-i}$	$-KL_{T-i}$

时刻$T-i$的结果对应时刻T时的支付

	$\bar{f}_{T-i}\leqslant L_{T-i}$	$L_{T-i}<\bar{f}_{T-i}<H_{T-i}$	$\bar{f}_{T-i}\geqslant H_{T-i}$
Spot	S_T	S_T	S_T
- Futures	$-(S_T-L_{T-i})$	$-(S_T-\bar{f}_{T-i})$	$-(S_T-H_{T-i})$
- Bonds	$-KL_{T-i}(1/K)$	$-Kf_{T-i}(1/K)$	$-KH_{T-i}(1/K)$
	0	0	0

注：交易在时刻t开始，在到期日T结束。

期货交易所和金融出版社只报道期货价格，而不管该价格是否受价格限制约束。因而记公布价为f_t^*，令Φ_t代表方程式的右边。则$f_t^*=L_{T-i}+\text{Max}(0, \Phi_t-L_{T-i})-\text{Max}(0, \Phi_t-H_{T-i})$。这一公式使得公布价或者等于持有成本或者等于限制价格。除非触限公布价将精确反映期货的真实价格。当然由于触限时没有交易，故也不可能确定期货的真实价格。因而记住触限时的公布价为人为价格这一点很重要。模型价格必须在价内，否则由于违背期货能被买卖的假定模型将不能使用。但是这一条件只是约束性的，即仅仅承认一个禁止以均衡价交易的市场是一个均衡价不可观测的市场。当然如前所述，参与人能绕过期货市场直接交易，但这容易导致违约风险，这一点值得在均衡价格模型里考虑。

当没有限制时，$L_{T-i}\to 0$，$H_{T-i}\to\infty$，看涨看跌期权不再值钱，期货价格等于持有成本价。当有价格限制时，接近限制的期货价格平滑累进，这是由于期权暗含的时间价值衰退。当期货价格的持有成本价接近限制价时，看跌（看涨）接近底（顶）线时，看跌（看涨）期权将为价内而看涨（看跌）期权将为价外。偏差为正（负）将反映限制移动导致期货持有人受益（受损）的较高概率。因而，在低（高）的现货价格，期货价格倾向于超出（或低于）成本价。这样，期权衰退的时间价值使得期货价格进一步落（涨）向低（高）的限制价格。期货价格对持有成本价的偏离依赖于确定看跌或看涨期权价格的因素。

3.3.2 来自数理方面的证据

方程（3.16）与方程（3.17）只是一般结果，因为他们没有设定期权价格的函数形式。有必要设定这些价格的数学形式以在比较静态情形下给出数值解。通常期权有两种定价模型，一种情形假定连续交易（Black - Scholes（1973）；Black（1976）），另一种情形是假定固定比例风险规避的投资者和对数正态分布市场因素（Rubinstein（1976））。

假定现货资产连续交易是合理的，令现货价格动态由随机微分方程描述：

$$dS_t/S_t = udt + \sigma dz$$

这里 dz 是标准高斯—维纳过程。投资组合包含 h 份的现货资产和一份定价为 f_t 的期货合约。期货合约签署时价值为零，故投资组合的初始价值为 $V_t = hS_t$。V_t 的变化可表示为 $dV_t = hdS_t + df_t$。利用伊藤引理，期货价格的变化可写为：

$$df_t = (\partial f_t / \partial S_t) dS_t + (\partial f_t / \partial t) dt + (1/2)(\partial^2 f_t / \partial S_t^2) S_t^2 \sigma^2 dt$$

若 h 选择合适，投资组合将无风险，这就将导出著名的非随机偏微分方程①：

$$(\partial f_t / \partial S_t) rS_t + \partial f_t / \partial t + (1/2)(\partial^2 f_t / \partial S_t^2) S_t^2 \sigma^2 = 0 \tag{3.18}$$

方程解即期货价格。期货价格适宜的条件是 $L_{T-i} \leqslant f_t \leqslant H_{T-i}$，$\forall T - 2i < t < T - i$。当然终端条件是 $f_T = S_T$。

以上部分已经了解了解的形式。但是，解应该由其基本构成而不是由嵌入的期权来表达。借鉴布莱克（1976）的推导，解为：

$$f_t = \bar{f}_t + (1 - K) * [L(1 - N(d_{2L})) - \bar{f}_t(1 - N(d_{1L})) - \bar{f}_t N(d_{1H}) + HN(d_{2H})] \tag{3.19}$$

这里下标 $T - i$ 从限制价格中去掉，$N(\cdot)$ 为累积正态分布概率且：

$$d_{1L} = (\ln(\bar{f}_t / L) + (\sigma^2/2)\tau) / (\sigma\sqrt{\tau}),\ d_{2L} = d_{1L} - \sigma\sqrt{\tau}$$

$$d_{1H} = (\ln(\bar{f}_t / H) + (\sigma^2/2)\tau) / (\sigma\sqrt{\tau}),\ d_{2H} = d_{1H} - \sigma\sqrt{\tau}$$

当然这一设定仅仅当期货价格不在限制价格上时才有效，因为当价格超出限制时套期保值不能构造。此时期货价格等于限制价格，尽管它并不能被看做真实的均衡价格。

3.4 本章小结

在这一章，主要对商品期货价格的形成机制进行了讨论。笔者

---

① 该方程不同于期权定价的标准偏微分方程，由于期货合约不要求初始费用，因而它不应包含反映投资机会成本的一项 rf_t。除此之外，其他推导细节则类似于标准偏微分方程的推导，读者可参考 John Hull（1993）年的教材。

认为，商品期货价格的定价，是在运用无套利方法对商品远期价格进行定价的基础上，引入持有成本（包括存储成本加上融资购买资产所支付的利息，再减去资产的收益），从而使得期货价格和现货价格之间的关系可用持有成本来描叙，这便形成了商品期货定价理论，即持有成本模型。由于商品期货具有价格发现功能，即商品期货价格是未来现货价格的无偏估计，本书对此运用郑州小麦和大连大豆的数据，应用Johansen似然比检验方法，对协积方程的参数进行长期无偏性假设的检验，即（0，1）参数约束的检验，验证结论证实商品期货价格是未来现货价格的无偏估计。另外，基于国外一些对远期和期货合约进行比较的实证研究结论，发现期货价格与远期价格有显著的不同，笔者认为风险管理制度也许是导致二者差别的重要原因，笔者以涨跌停板制度为例，通过构造一个较复杂的无套利投资组合，并结合B—S偏微分方程的数理证明，以期证明期货价格对持有成本理论价格的偏离。

4 期货市场 CAPM 模型的实证

有效市场假说（EMH）是现代金融理论的重要基石。可以说，整个现代的金融体系，尤其是现代的证券期货分析体系都是建立在EMH 理论和实践的基础之上的。有效市场假说的理论基础：第一，假设投资者是理性的，对证券期货能够作出理性的评估；第二，即便有一些投资者行为是非理性的，他们的交易活动也是随机的，因而在他们之间交易活动相互抵消，对最后的价格不产生影响；第三，即使有些投资者有非理性的行为，并且行为的方式一致，相互不能抵消，但是市场中他们会遇到理性套利活动者，套利者的活动使得非理性行为最终不影响价格。除了以上的一些假定，EMH 还通过对“信息”和“获利”这两个概念的界定使它的理论更为完善。Fama（1970）指出，过去已有的信息（或称陈旧信息 Stale Information）是对当前的价格无任何参考价值的，所以证券价格应该是能够迅速而准确地反映信息。迅速意味着当投资者得知新信息时，已经无法利用它来获利了。准确意味着市场价格对信息的反应既不会过度也不会不足，总体平均来说，应该是准确的。那么，除了信息最初到来时价格的反应之外，以后价格不再为此信息产生任何反应。实证研究中要对这一命题进行验证，在理论上就要求对“获利”和“已知的信息”作出明确的解释。

对“获利”的定义涉及争议较多，倘若对“获利”没有统一的界定，那么只要找到市场上有人利用新信息的到来赚到了钱的例子便可以否认市场的有效性。在这一方面，EMH 得到了资本资产定价理论（CAPM）的有力支持。金融学上对“获利”的定义为：在不承担额外风险的情况下获得额外的收益。这一定义在实践中的困难在于对额外风险的度量上。CAPM（Sharpe 等人）则在马柯维茨提出的以方差作为风险度量的基础上构建了一个风险与收益关系的模型，根据该模型，投资者要想在有效市场上获得额外的收益，必须要承担额外的风险。这就说明，一个人如果获得了额外的收益，并不能说明市场的无效，因为还有一种可能是他承担了额外的风险。

现代金融经济学的重要问题之一是权衡风险和预期收益的量化问题。虽然，人们普遍认为诸如股票市场之类的风险投资其回报一般应高于无风险投资，然而，也只是在资本资产定价模型创立以后，经济学家们才能够从数量上分析风险及其为承受风险而得到的回报之间的关系。资本资产定价模型的前提是建立在资产的预期收益对于其市场投资组合收益的方差为线性的关系上。

4.1 资本资产模型的说明

资本资产定价模型（CAPM）的基础是在 1959 年由 Markowitz（1959）建立的。他在一项专门的研究中，从预期收益和收益的方差角度提出了投资者选择的组合问题。他认为投资者将会最优地选择均值——方差角度提出了投资者选择的组合问题，也就是说在方差给定的时候，投资者将会选择收益最高的投资组合。Sharpe（1964）和 Linterner（1965）进一步拓展了 Markowitz 的研究成果，使其在经济上具有更广的涵义。他们证明了如果投资者具有相同的预期和最优地选择均值——方差有效组合，那么在没有市场摩擦的条件下，所有投资财富的组合或者市场组合本身就是均值——方差有效组合。通常的 CAPM 方程直接就揭示了市场组合均值——方差有效性含义。

Sharpe（1964）和 Linterner（1965）建立的 CAPM 假定资产的租与借是按照无风险利率计息的，于是按照该模型可以得到增产 i 的期望收益：

$$E(R_i)=R_f+\beta_{im}[E(R_m)-R_f] \tag{4.1}$$

$$\beta_{im}=\frac{Cov(R_i,\ R_m)}{Var[R_m]} \tag{4.2}$$

这里，R_m 是关于市场组合的收益，R_f 是关于无风险资产的收益。Sharpe（1964）和 Linterner（1965）建立的 CAPM 也许最简洁地由超过无风险报酬的收益或者称超额收益表达出来了。令 Z_i 代表第 i 个资产的超过无风险报酬的收益，即 $Z_i\equiv R_i-R_f$，则对 Sharpe（1964）和 Linterner（1965）建立的 CAPM 有：

$$E[Z_i]=\beta_m E[Z_m] \tag{4.3}$$

$$\beta_m=\frac{Cov(Z_i,\ Z_m)}{Var[Z_m]} \tag{4.4}$$

这里 Z_m 代表关于资产市场组合的超额收益。由于无风险收益率是非随机的，所以（4.2）和（4.4）是等价的。在实证应用中，无风险收益率的替代量是随机的，于是相应的贝塔系数也是不同的。大多数实证工作都是用超额收益和（4.4）式来叙述 Sharpe 和 Linterner 的资本资产定价模型。

（4.3）式 Sharpe 和 Linterner 的 CAPM 集中反映了三个含义：

一是截距为零；二是贝塔系数完全刻画了截面层上的预期收益的波动；三是市场风险报酬 $E[Z_m]$ 是正的。

在没有无风险资产的情况下，1972 年 *Black* 得到了更一般的 CAPM。在这个模型中，以零贝塔收益显示的资产 i 的期望收益关于它的贝塔系数的关系是线性的。特别对资产 i 的期望收益 $E(R_i)$，我们有：

$$E[R_i]=E[R_{0m}]+\beta_{im}(E[R_m]-E[R_{0m}]) \tag{4.5}$$

这里 R_m 是市场组合的收益；R_{0m} 是市场的零贝塔组合的收益，它定义为与 m（即市场）不相关的组合中具有最小方差的那个组合。因为财富以实际价格计量更为恰当，所以对 *Black* 的 CAPM，收益一般应该经过通货膨胀的调整。以实际价格计量定义的 β_{im} 为：

$$\beta_{im}=\frac{Cov[R_i,\ R_m]}{Var[R_m]} \tag{4.6}$$

由于 *Black* 的 CAPM 的计量经济分析把零贝塔组合收益当作不可观察量来处理，这样就比分析（Sharpe - Lintner）的资本资产定价模型来得复杂。*Black* 模型可以被当作对实际收益市场模型的一个约束来检验。实际收益模型为：

$$E[R_i]=\alpha_{im}+\beta_{im}E[R_m] \tag{4.7}$$

按照（4.5）的含义，我们对任意的 i 有：

$$\alpha_{im}=E[R_{0m}](1-\beta_{im})\ \forall i \tag{4.8}$$

（4.8）式告诉我们，*Black* 模型限制了实际收益市场模型中资产对应的截距项，并使其等于期望零贝塔组合收益乘上 1 减去资产的贝塔系数。

CAPM 是一个单时期模型，所以（4.3）和（4.5）式没有时间维数。要对模型进行计量经济分析就应加上有关收益的时间序列特性和有关在时序上估计模型假定。假定收益关于时间是独立同分布的，其联合分布是多变量正态。这个假定在 Sharpe - Lintner 模型中是用于分析超额收益，而在 *Black* 模型中是用于分析实际收益。

在上述强假定下，用逐期 CAPM 模型的好处是在理论上它具有一致性。

4.2 估计和检验的统计框架

我们先使用投资者可以按无风险收益率借和租的假设，接着考虑 Sharpe - Lintner 的 CAPM 模型，最后我们取消这个假设分析 Black 的 CAPM 模型。

4.2.1 Sharpe 和 Linterner 的 CAPM

定义 Z_t 是 N 个资产（或资产组合）的（$N\times1$）阶超额收益向量。对这个 N 的资产，超额收益可以用超额收益市场模型来描述：

$$Z_t=\alpha+\beta Z_{mt}+\varepsilon_t \tag{4.9}$$

$$E[\varepsilon_t]=0 \tag{4.10}$$

$$E[\varepsilon_t\varepsilon'_t]=\sum \tag{4.11}$$

$$E[Z_{mt}]=\mu_m,\ E[(Z_{mt}-\mu_m)^2]=\sigma_m^2 \tag{4.12}$$

$$Cov(Z_{mt},\ \varepsilon_t)=0 \tag{4.13}$$

β 是（$N\times1$）阶贝塔系数向量，Z_{mt} 是时期 t 市场组合的超额收益，α 和 ε_t 分别是（$N\times1$）阶资产收益截距向量和随机扰动向量。本章我们都不考虑 α、β 和 ε_t 关于市场组合或它们的替代量之间的依存关系。为方便起见，对夏普和林特纳的 CAPM 模型，我们定义 μ 为期望超额收益。

对（4.9）式 Sharpe - Lintner 的 CAPM 来说向量 α 的所有元素都为0，这实际上来自（4.9）式的无条件期望（4.3）式的比较结果以及构造检验模型的主要假设。如果向量 α 的所有元素都为 0，则 m 就是切线组合。

我们使用最大似然方法来获得无约束模型的估计量。用普通最小二乘法进行资产对资产的回归也能获得α和β同样的估计量。我们考虑超额收益Z_t关于市场超额收益Z_{mt}的条件概率密度函数(pdf)。假定超额收益Z_t关于市场超额收益Z_{mt}的条件概率密度函数为联合正态分布，即：

$$f(Z_t|Z_{mt}) = (2\pi)^{-\frac{N}{2}}\left|\sum\right|^{-\frac{1}{2}} \times \exp\left[-\frac{1}{2}(Z_t - \alpha - \beta Z_{mt})'\sum^{-1}(Z_t - \alpha - \beta Z_{mt})\right] \quad (4.14)$$

由于超额收益是同期 IID 的，当给定T个观测值时，联合概率密度函数为：

$$f(Z_1, Z_2, \cdots, Z_T|Z_{m1}, Z_{m2}, \cdots, Z_{mT}) = \prod_{t=1}^{T} p(Z_t|Z_{mt}) \quad (4.15)$$

$$= \prod (2\pi)^{-\frac{N}{2}}\left|\sum\right|^{-\frac{1}{2}} \times \exp\left[-\frac{1}{2}(Z_t - \alpha - \beta Z_{mt})'\sum^{-1}(Z_t - \alpha - \beta Z_{mt})\right] \quad (4.16)$$

给定（4.16）式和超额收益的观测，超额收益市场模型的参数可以用最大似然方法来估计。最大似然方法在统计上是一种很好的估计方法，它在一定的正规条件下具有一致性、渐近有效性和渐近正态性。为最大似然估计量，我们构造对数似然函数，也就是对联合概率密度函数取对数，并把它作为未知参数α，β和$\sum$的函数。用L表示对数似然函数，我们有：

$$L(\alpha,\beta,\sum) = -\frac{NT}{2}\log(2\pi) - \frac{T}{2}\log\left|\sum\right| - \frac{1}{2}\sum_{t=1}^{T}(Z_t - \alpha - \beta Z_{mt})'\sum^{-1}(Z_t - \alpha - \beta Z_{mt}) \quad (4.17)$$

最大似然估计量就是使L达到最大的参数值。为找出这些估计量，我们对L关于未知参数，α，β和$\sum$求微分，并分别使这些微

分结果为0。这些偏微分结果是:

$$\frac{\partial L}{\partial \alpha}=\sum^{-1}\left[\sum_{t=1}^{T}(Z_t-\alpha-\beta Z_{mt})\right] \tag{4.18}$$

$$\frac{\partial L}{\partial \beta}=\sum^{-1}\left[\sum_{t=1}^{T}(Z_t-\alpha-\beta Z_{mt})Z_{mt}\right] \tag{4.19}$$

$$\frac{\partial L}{\partial \sum}=-\frac{T}{2}\sum^{-1}+\frac{1}{2}\sum^{-1}\left[\sum_{t=1}^{T}(Z_t-\alpha-\beta Z_{mt})(Z_t-\alpha-\beta Z_{mt})'\right]\sum^{-1} \tag{4.20}$$

令（4.18）式、(4.19）式和（4.20）式为0，我们可以解得如下最大似然估计量:

$$\hat{\alpha}=\hat{\mu}-\hat{\beta}\hat{\mu}_m \tag{4.21}$$

$$\hat{\beta}=\frac{\sum_{t=1}^{T}(Z_t-\hat{\mu})(Z_{mt}-\hat{\mu}_m)}{\sum_{t=1}^{T}(Z_{mt}-\hat{\mu}_m)^2} \tag{4.22}$$

$$\hat{\sum}=\frac{1}{T}\sum_{t=1}^{T}(Z_t-\hat{\alpha}-\hat{\beta}Z_{mt})(Z_t-\hat{\alpha}-\hat{\beta}Z_{mt})' \tag{4.23}$$

这里,

$$\hat{\mu}=\frac{1}{T}\sum_{t=1}^{T}Z_t \quad 以及\ \hat{\mu}_m=\frac{1}{T}\sum_{t=1}^{T}Z_{mt}$$

显然，可以注意到，这些公式就是参数的 OLS 估计量。

最大似然估计量关于市场超额收益 Z_{m1}，Z_{m2}，…，Z_{mT}的条件分布可以从超额收益的联合正态和 IID 的假设中获得。估计量的方差和协方差可以用费雪尔信息矩阵的逆求得。费雪尔信息矩阵是对数似然函数关于参数向量二阶导数的负期望值。

上述最大似然估计量的条件分布为:

$$\hat{\alpha}\sim N\left(\alpha,\frac{1}{T}\left[1+\frac{\hat{\mu}_m^2}{\hat{\sigma}_m^2}\right]\sum\right) \tag{4.24}$$

$$\hat{\beta} \sim N\left(\beta, \frac{1}{T}\left[\frac{1}{\hat{\sigma}_m^2}\right]\sum\right) \tag{4.25}$$

$$T\hat{\sum} \sim W_N(T-2, \sum) \tag{4.26}$$

$$\hat{\sigma}_m^2 = \frac{1}{T}\sum_{t=1}^{T}(Z_{mt} - \hat{\mu}_m)^2$$

这里，w_N（$T-2$，Σ）表示（$N \times N$）矩阵 $T\hat{\Sigma}$ 服从自由度为（T－2）协方差矩阵为 Σ 的维夏特分布。这个分布是多变量卡方分布的推广。安德森（Anderson，1984）和缪俄希德（Muirhead，1983）对该分布的性质进行了讨论。

$\hat{\alpha}$ 和 $\hat{\beta}$ 的协方差为：

$$Cov[\hat{\alpha}, \hat{\beta}] = -\frac{1}{T}\left[\frac{\hat{\mu}_m}{\hat{\sigma}_m^2}\right]\sum \tag{4.27}$$

$\hat{\sum}$ 与 $\hat{\alpha}$ 和 $\hat{\beta}$ 独立。

运用无约束估计量，我们可以构造如下零假设的 Wald 检验统计量：

$$H_0: \alpha = 0 \tag{4.28}$$

相应的备择假设为：

$$H_A: \alpha \neq 0 \tag{4.29}$$

Wald 检验统计量 J_0 为：

$$\begin{aligned} J_0 &= \hat{\alpha}'\ [Var\ (\hat{\alpha})]^{-1}\hat{\alpha} \\ &= T\left[1 + \frac{\hat{\mu}_m^2}{\hat{\sigma}_m^2}\right]^{-1}\hat{\alpha}'\sum{}^{-1}\hat{\alpha} \end{aligned} \tag{4.30}$$

这里我们已经把（4.24）式替换了 $Var\ [\hat{\alpha}]$。在零假设之下 J_0 将具有自由度为 N 的卡方分布。因为 Σ 是未知的，所以用 J_0 检验 H_0，我们将在（4.30）式中以估计量 $\hat{\Sigma}$ 替代 Σ，由于最大似然估计量$\hat{\Sigma}$可以作为一致估计量，这样在零假设之下 J_0 将渐近地具有自由度为 N 的卡方分布。

于是，在此情形中使用 Wald 检验我们就不必借助大样本理论进行推断。由麦金雷（MacKinlay，1987），吉邦斯、罗斯和尚肯（Gibbons，Ross and Shanken，1989）等发展起来的有限样本分布，在此就可以应用缪俄希德（Muirhead，1983）提出的下述定理来确定：

定理：令 m 维向量 x 服从正态分布 n（0，Ω），（$m\times m$）阶矩阵 A 服从 w_m（n，Ω）（$n\geqslant m$），以及设 x 和 A 独立，则：

$$\frac{(n-m+1)}{m}x'A^{-1}x\sim F_{m,n-m+1}$$

为应用这个定理，我们设 $x=[1+\frac{\hat{\mu}_m^2}{\hat{\sigma}_m^2}]^{-\frac{1}{2}}\hat{a},A=T\hat{\sum},m=N$ 以及 $n=(T-2)$。则定义下述检验统计量 J_1：

$$J_1=\frac{(T-N-1)}{N}[1+\frac{\hat{\mu}_m^2}{\hat{\sigma}_m^2}]^{-1}\hat{a}'\hat{\sum}^{-1}\hat{a} \tag{4.31}$$

在零假设之上，检验统计量 J_1 的无条件分布是自由度为（N，$T-N-1$）中心 F 分布。

我们仅仅使用来自无约束模型（即超额收益市场模型）的估计量就能够构造 Wald 检验 J_0 和有限样本 F 检验 J_1。现在考虑第三个检验，即所谓似然比检验。此时，我们需要来自带约束模型的估计量。带约束的模型就是 Sharpe – Lintner 的 CAPM。当 α 被限制为 0 的时候，我们可以从（4.19）式和（4.20）式解得参数 β 和 Σ 的带约束估计量，即：

$$\hat{\beta}^*=\frac{\sum_{t=1}^{T}z_tZ_{mt}}{\sum_{t=1}^{T}Z_{mt}^2} \tag{4.32}$$

$$\hat{\Sigma}^{*} = \frac{1}{T}\sum_{t=1}^{T}(z_t - \hat{\beta}^{*}Z_{mt})(z_t - \hat{\beta}^{*}Z_{mt})' \tag{4.33}$$

在零假设之下，带约束估计量的分布是：

$$\hat{\beta}^{*} \sim N(\beta, \frac{1}{T}[\frac{1}{\hat{\mu}_m^2 + \hat{\sigma}_m^2}]\Sigma) \tag{4.34}$$

$$T\hat{\Sigma}^{*} \sim W_N(T-1, \Sigma) \tag{4.35}$$

得到无约束和带约束的最大似然估计量以后，我们可以用似然比方法检验 Sharpe – Lintner 的 CAPM 模型所蕴涵的约束。

似然比检验是在似然比对数的基础上，用在最大似然估计量上计算的带约束对数似然函数减去无约束的对数似然函数的值来定义。我们用 LR 表示对数似然比，即有：

$$LR = L^{*} - L$$

$$= -\frac{T}{2}[\log|\hat{\Sigma}^{*}| - \log|\hat{\Sigma}|] \tag{4.36}$$

这里，L^{*} 表示带约束的对数似然函数。为得到（4.36）式我们实际上已经使用了对无约束和带约束似然函数在最大似然估计量上的数值加总可以简化为 NT 的事实。现在，我们对无约束似然函数证明这个结果。对（4.17）式的最后一项在最大似然估计量上的数值进行加总，我们有：

$$\sum_{t=1}^{T}(z_t - \hat{\alpha} - \hat{\beta}Z_{mt})'\hat{\Sigma}^{-1}(z_t - \hat{\alpha} - \hat{\beta}Z_{mt}) \tag{4.37}$$

$$= \sum_{t=1}^{T} trace[\hat{\Sigma}^{-1}(z_t - \hat{\alpha} - \hat{\beta}Z_{mt})(z_t - \hat{\alpha} - \hat{\beta}Z_{mt})'] \tag{4.38}$$

$$= trace[\hat{\Sigma}^{-1}\sum_{t=1}^{T}(z_t - \hat{\alpha} - \hat{\beta}Z_{mt})(z_t - \hat{\alpha} - \hat{\beta}Z_{mt})'] \tag{4.39}$$

$$= trace[\hat{\Sigma}^{-1}(T\hat{\Sigma})] = Ttrace[I] = NT \tag{4.40}$$

注意，从（4.37）式到（4.38）式这步我们使用了 $traceAB =$

traceBA，再到（4.39）式这步我们使用了和的迹等于迹的和。在（4.40）式这一步我们使用了单位矩阵的迹等于它的维数。

似然比检验依据的渐近结论是，在零假设之下，－2 乘以对数似然比服从自由度为 H_0 之下约束条件数的卡方分布。也就是我们检验 H_0 可以使用：

$$J_2 = -2LR = T[\log|\widehat{\sum}^*| - \log|\widehat{\sum}|] \overset{a}{\sim} \chi_N^2 \tag{4.41}$$

有趣的是，这里我们也不必借助大样本理论来指导似然比检验。（4.31）式中的 J_1 本身就是一个似然比检验统计量，这个结果我们可继续运用。根据 J_1 是 J_2 的单调变换的事实，带约束的最大似然估计量可以被表示为无约束的最大似然估计量。对 $\hat{\beta}^*$ 我们有：

$$\hat{\beta}^* = \hat{\beta} + \frac{\hat{\mu}_m}{\hat{\mu}_m^2 + \hat{\sigma}_m^2}\hat{\alpha} \tag{4.42}$$

以及对 $\hat{\Sigma}^*$ 我们有：

$$\begin{aligned}\widehat{\sum}^* &= \frac{1}{T}\sum_{t=1}^{T}(z_t - \hat{\beta}^* Z_{mt})(z_t - \hat{\beta}^* Z_{mt})' \\ &= \frac{1}{T}\sum_{t=1}^{T}[(z_t - \hat{\alpha} - \hat{\beta}^* Z_{mt}) + (1 - \frac{\hat{\mu}_m Z_{mt}}{\hat{\mu}_m^2 + \sigma_m^2})\hat{\alpha}] \\ &\quad \times [(z_t - \hat{\alpha} - \hat{\beta}^* Z_{mt}) + (1 - \frac{\hat{\mu}_m Z_{mt}}{\hat{\mu}_m^2 + \sigma_m^2})\hat{\alpha}]'\end{aligned} \tag{4.43}$$

注意到：

$$\sum_{t=1}^{T}(z_t - \hat{\alpha} - \hat{\beta}^* Z_{mt})'(1 - \frac{\hat{\mu}_m Z_{mt}}{\hat{\mu}_m^2 + \sigma_m^2})\hat{\alpha} = 0 \tag{4.44}$$

我们有：

$$\widehat{\sum}^* = \widehat{\sum} + \left(\frac{\widehat{\sigma}_m^2}{\widehat{u}_m^2 + \widehat{\sigma}_m^2}\right)\widehat{\alpha}\,\widehat{\alpha}' \tag{4.45}$$

对上式两边取行列式有：

$$\left|\hat{\sum}^{*}\right| = \left|\hat{\sum}\right|\left[\left(\frac{\hat{\sigma}_m^2}{\hat{u}_m^2 + \hat{\sigma}_m^2}\right)\hat{\alpha}'\hat{\sum}^{-1}\hat{\alpha} + 1\right] \tag{4.46}$$

这里，从（4.45）式到（4.46）式我们提取了 $\hat{\Sigma}$ 因子并对单位矩阵 I 和向量 x 使用了 $|I + xx'| = (1 + x'x)$ 的结论。用（4.46）式替换（4.36）式有：

$$LR = -\frac{T}{2}\log[(\frac{\hat{\sigma}_m^2}{\hat{\mu}_m^2 + \hat{\sigma}_m^2})\hat{\alpha}'\hat{\sum}^{-1}\hat{\alpha} + 1] \tag{4.47}$$

以及对 J_1 我们有：

$$J_1 = \frac{(T - N - 1)}{N}(\exp[\frac{J_2}{T}] - 1) \tag{4.48}$$

（4.48）式表明 J_1 是 J_2 的单调变换，这就证明 J_1 可以被解释为一个似然比检验。

因为 J_1 的有限样本分布是已知的，所以方程（4.48）可以被用来获得 J_2 的有限样本分布。我们将看到，在零假设之下 J_2 的有限样本分布不同于它的大样本分布。乔伯森和科基（Jobson and Korkie, 1982）对 J_2 进行了调整，使其具有更好的有限样本性质定义 J_3 为修正后的统计量，我们有：

$$J_3 = \frac{(T - \frac{N}{2} - 2)}{T}J_2$$

$$= \left(T - \frac{N}{2} - 2\right)\left[\log\left|\hat{\sum}^{*}\right| - \log\left|\hat{\sum}\right|\right] \overset{a}{\sim} \chi_N^2 \tag{4.49}$$

使用数学有效集的结果，对检验统计量 J_1 我们可以作出有用的经济解释。吉邦斯、罗斯和尚肯（Gibbons, Ross and Shanken, 1989）证明：

$$J_1 = \frac{(T-N-1)}{N}\left[\frac{\frac{\hat{\mu}_q^2}{\hat{\sigma}_q^2} - \frac{\hat{\mu}_m^2}{\hat{\sigma}_m^2}}{1+\frac{\hat{\mu}_m^2}{\hat{\sigma}_m^2}}\right] \tag{4.50}$$

若通过 N 个包括无风险资产和风险资产构造投资组合，在所有投资组合中具有最大平方夏普率的组合就是切线组合。于是，当事后市场组合是切线组合时，J_1 将等于0；随市场的平方夏普率减小，J_1 将增大，显示出了对市场组合有效性的有力证据。

4.2.2 Black的CAPM模型

在没有风险资产的情况下，我们考虑了（4.5）式中的Black的CAPM。在该模型中，零贝塔组合的期望收益 $E[R_{0m}]$ 将视为不可观测的，于是就成为未知的模型参数。定义零贝塔组合的期望收益为 γ，Black的CAPM是：

$$\begin{aligned} E(R_t) &= \iota\gamma + \beta(E[R_{mt}] - \gamma) \\ &= (\iota - \beta)\gamma + \beta E[R_{mt}] \end{aligned} \tag{4.51}$$

就Black模型而言，无约束模型就是实际收益模型。定义 R_t 为一个 N 个资产或资产组合的（$N\times1$）阶实际收益向量。对这N个资产，实际收益模型是：

$$R_t = \alpha + \beta R_{mt} + \varepsilon_t \tag{4.52}$$

$$E[\varepsilon_t] = 0 \tag{4.53}$$

$$E[\varepsilon_t \varepsilon'_t] = \Sigma \tag{4.54}$$

$$E[R_{mt}] = \mu_m,\ E[(R_{mt} - \mu_m)^2] = \sigma_m^2 \tag{4.55}$$

$$Cov[R_{mt}, \varepsilon_t] = 0 \tag{4.56}$$

β 是（$N\times1$）阶资产贝塔系数向量，R_{mt} 是时期t市场组合收益，α 和 ε_t 分别是（$N\times1$）阶资产收益截距和随机扰动项的向量。

Black模型可检验的蕴涵从（4.52）式的无条件期望与

（4.51）式的比较中反映得非常明显。该蕴涵就是：

$$\alpha = (\iota - \beta)\gamma \tag{4.57}$$

这个蕴涵对检验来说比 Sharpe - Lintner 模型的零截距约束更复杂，因为参数β和γ呈现了非线性的关系。

在给定收益的 IID 和联合正态假设之下，而布莱克模型可用最大似然方法来估计和检验。无约束模型的最大似然估计量，即（4.52）式中的实际收益模型的最大似然估计量，与超额收益市场模型是一致的，除非实际收益由超额收益来替代。从而，像$\hat{\mu}$现在就是实际收益样本均值向量。对参数的最大似然估计量，我们有：

$$\hat{\alpha} = \hat{\mu} - \hat{\beta}\hat{\mu}_m \tag{4.58}$$

$$\hat{\beta} = \frac{\sum_{t=1}^{T}(R_t - \hat{\mu})(R_{mt} - \hat{\mu}_m)}{\sum_{t=1}^{T}(R_{mt} - \hat{\mu}_m)^2} \tag{4.59}$$

$$\widehat{\sum} = \frac{1}{T}(R_t - \widehat{\alpha} - \widehat{\beta}R_{mt})(R_t - \widehat{\alpha} - \widehat{\beta}R_{mt}) \tag{4.60}$$

这里，

$$\widehat{u} = \frac{1}{T}\sum_{t=1}^{T}R_t \text{ 和 } \widehat{u}_m = \frac{1}{T}\sum_{t=1}^{T}R_{mt}$$

上述参数关于市场实际收益R_{m1}，R_{m2}，…，R_{mt}的条件分布是：

$$\widehat{\alpha} \sim N\left(\alpha, \frac{1}{T}\left[1 + \frac{\widehat{u}_m^2}{\widehat{\sigma}_m^2}\right]\sum\right) \tag{4.61}$$

$$\widehat{\beta} \sim N\left(\beta, \frac{1}{T}\left[\frac{1}{\widehat{\sigma}_m^2}\right]\sum\right) \tag{4.62}$$

$$T\widehat{\sum} \sim W_N(T-2, \sum) \tag{4.63}$$

这里，$\widehat{\sigma}_m^2 = \frac{1}{T}\sum_{t=1}^{T}(R_{mt} - \widehat{u}_m)^2$

$\widehat{\alpha}$ 和 $\widehat{\beta}$ 的协方差是：

$$Cov[\widehat{\alpha},\widehat{\beta}] = -\left[\frac{\widehat{u}_m}{\widehat{\sigma}_m^2}\right]\sum \tag{4.64}$$

对带约束的模型，即 Black 的 CAPM，其对数似然函数是：

$$\zeta(\gamma,\beta,\sum) = -\frac{NT}{2}\log(2\pi) - \frac{T}{2}\log\left|\sum\right| - \frac{1}{2}\sum_{t=1}^{T}(R_t - \gamma(\iota-\beta)-\beta R_{mt})'\sum^{-1}\times(R_t-\gamma(\iota-\beta)-\beta R_{mt}) \tag{4.65}$$

（4.65）式关于 γ，β，Σ 求微分，我们有：

$$\frac{\partial\zeta}{\partial\gamma} = (\iota-\beta)'\sum^{-1}\left[\sum_{t=1}^{T}R_t - \gamma(\iota-\beta)-\beta R_m\right] \tag{4.66}$$

$$\frac{\partial\zeta}{\partial\beta} = \sum^{-1}\left[\sum_{t=1}^{T}(R_t-\gamma(\iota-\beta)-\beta R_{mt})'\right]\sum^{-1} \tag{4.67}$$

$$\frac{\partial\zeta}{\partial\sum} = -\frac{T}{2}\sum^{-1}+\frac{1}{2}\sum^{-1}\left[\sum_{t=1}^{T}(R_t-\gamma(\iota-\beta)-\beta R_{mt})(R_t-\gamma(\iota-\beta)-\beta R_{mt})'\right]\sum^{-1} \tag{4.68}$$

令（4.66）式、（4.67）式和（4.68）式为0，我们可以解出最大似然估计量，它们是：

$$\widehat{\gamma}^* = \frac{(\iota-\widehat{\beta}^*)'\widehat{\sum}^{*-1}(\widehat{\mu}-\widehat{\beta}^*\widehat{\mu}_m)}{(\iota-\widehat{\beta}^*)'\widehat{\sum}^{*-1}(\iota-\widehat{\beta}^*)} \tag{4.69}$$

$$\widehat{\beta}^* = \frac{\sum_{t=1}^{T}(R_t-\widehat{\gamma}^*\iota)(R_{mt}-\widehat{\gamma}^*)}{\sum_{t=1}^{T}(R_m-\widehat{\gamma}^*)^2} \tag{4.70}$$

$$\widehat{\sum}^* = \frac{1}{T}(R_t-\widehat{\gamma}^*(\iota-\widehat{\beta}^*)-\widehat{\beta}^*R_{mt})(R_t-\widehat{\gamma}^*(\iota-\widehat{\beta}^*)-\widehat{\beta}^*R_{mt})' \tag{4.71}$$

从（4.69）式，（4.70）式和（4.71）式中我们可以看出，

$\widehat{\gamma}^*$中含有$\widehat{\beta}^*$，$\widehat{\Sigma}^*$，而$\widehat{\beta}^*$中又含有$\widehat{\gamma}^*$，我们无法从中求出解析的最大似然估计量。因此，我们只能用β和Σ初始的一致估计量对（4.69）式，（4.70）式和（4.71）式进行迭代至收敛得到最大似然估计量。至于β和Σ初始的一致估计量我们分别采用无约束估计量$\widehat{\beta}$和$\widehat{\Sigma}$。

给出了带约束和无约束的最大似然估计量后，我们可以构造零假设①的渐近似然比检验。零假设和备择假设为：

$$H_0: \alpha = (\iota - \beta)\gamma \tag{4.72}$$

$$H_A: \alpha \neq (\iota - \beta)\gamma \tag{4.73}$$

似然比检验可以按类似于（4.41）式中检验（Sharpe – Lintner）模型的方式来构造。于是，我们定义如下J_4作为检验统计量，即：

$$J_4 = T[\log|\widehat{\sum}^*| - \log|\widehat{\sum}|] \overset{a}{\sim} \chi^2_{N-1} \tag{4.74}$$

注意，相对于 Sharpe – Lintner 模型，Black 的 CAPM 由于零贝塔期望收益是自由参数而丢失了一个自由度。除了残差协方差矩阵有$N(N-1)/2$个参数外，无约束的实际收益模型具有$2N$个参数，N个构成了参数向量α，还有N个构成了参数向量β。同样，对带约束的 Black CAPM，除了残差协方差矩阵具有与约束模型相同的参数外，N个参数构成了参数向量β和期望零贝塔收益γ参数。于是，无约束模型就比带约束模型多出（$N-1$）个参数。

我们同样可以通过调整J_4来改善其有限样本的性质。定义J_5为调整后的检验统计量，我们有：

$$J_5 = \left(T - \frac{N}{2} - 1\right)[\log|\widehat{\sum}^*| - \log|\widehat{\sum}|] \overset{a}{\sim} \chi^2_{N-1} \tag{4.75}$$

---

① 在 Black 的 CAPM 内容中，Gibbons（1982）首次建立了这个检验，Shanken（1985b）则提出了详细的分析过程。

在有限样本和零假设之下，J_5 的分布将更接近于卡方分布。

上面讨论过的方法有两个不足。第一，由于估计量关于一阶条件必须进行迭代运算，所以在估计上存在着一些繁琐；第二，根据大样本理论得到的检验其有限样本性质可能很差。我们使用坎德尔（Kandel，1984）和尚肯（Shanken，1986）的研究结果来克服这些不足。他们提出了怎样计算精确的最大似然估计量以及怎样构造具有良好有限样本性质的近似检验。

对无约束模型，我们考虑用期望零贝塔收益 γ 的超额收益表达市场模型：

$$R_t - \gamma\iota = \alpha + \beta(R_{mt} - \gamma) + \varepsilon_t \tag{4.76}$$

假设 γ 是已知的，则无约束模型的最大似然估计量为：

$$\widehat{\alpha}(\gamma) = \widehat{\mu} - \gamma\iota - \widehat{\beta}(\widehat{\mu}_m - \gamma), \tag{4.77}$$

$$\widehat{\beta} = \frac{\sum_{t=1}^{T}(R_t - \widehat{\mu})(R_{mt} - \widehat{\mu}_m)}{\sum_{t=1}^{T}(R_{mt} - \widehat{\mu}_m)^2} \tag{4.78}$$

以及，

$$\widehat{\Sigma} = \frac{1}{T}\sum_{t=1}^{T}[R_t - \widehat{\mu} - \widehat{\beta}(R_{mt} - \widehat{\mu}_m)][R_t - \widehat{\mu} - \widehat{\beta}(R_{mt} - \widehat{\mu}_m)]' \tag{4.79}$$

这里，β 和 Σ 的无约束估计量不依赖 γ 的数值，但如上所示 α 却依赖 γ 的值。无约束对数似然函数在最大似然估计量处的数值是：

$$L = -\frac{NT}{2}\log(2\pi) - \frac{T}{2}\log\left|\widehat{\Sigma}\right| - \frac{NT}{2} \tag{4.80}$$

显然，（4.80）式就不依赖 γ 的数值。

我们把 α 限制为 0，这样带约束的估计量就是：

$$\hat{\beta}^* = \frac{\sum_{t=1}^{T}(R_t - \gamma\iota)(R_{mt} - \gamma)}{\sum_{t=1}^{T}(R_{mt} - \gamma)^2} \tag{4.81}$$

$$\hat{\Sigma}^* = \frac{1}{T}\sum_{t=1}^{T}[R_t - \gamma(\iota - \hat{\beta}^*) - \hat{\beta}^* R_{mt}] \times [R_t - \gamma(\iota - \hat{\beta}^*) - \hat{\beta}^* R_{mt}]' \tag{4.82}$$

以及带约束似然函数的数值是：

$$L^*(\gamma) = -\frac{NT}{2}\log(2\pi) - \frac{T}{2}\log\left|\hat{\Sigma}^*(\gamma)\right| - \frac{NT}{2} \tag{4.83}$$

注意，带约束似然函数的数值依赖于 γ。从而我们构造如下对数似燃比：

$$LR(\gamma) = L^*(\gamma) - L = -\frac{T}{2}\left[\log\left|\hat{\Sigma}^*(\gamma)\right| - \log\left|\hat{\Sigma}\right|\right] \tag{4.84}$$

使对数似然比达到最小的 γ 的值就是使带约束对数似然函数达到最大的值，也就是 γ 的最大似然估计量。

对 Sharpe – Lintner 模型使用同样的手段和方法，其对数似然比可简化为：

$$LR(\gamma) = -\frac{T}{2}\log\left[\left(\frac{\hat{\sigma}_m^2}{(\hat{\mu}_m - \gamma)^2 + \hat{\sigma}_m^2}\right)\hat{\alpha}(\gamma)'\hat{\Sigma}^{-1}\hat{\alpha}(\gamma) + 1\right]$$

$$= -\frac{T}{2}\log\left[\left(\frac{\hat{\sigma}_m^2}{(\hat{\mu}_m - \gamma)^2 + \hat{\sigma}_m^2}\right)[\hat{\mu} - \gamma\iota - \hat{\beta}(\hat{\mu}_m - \gamma)]'\hat{\Sigma}^{-1} \times [\hat{\mu} - \gamma\iota - \hat{\beta}(\hat{\mu}_m - \gamma)] + 1\right] \tag{4.85}$$

关于 γ 最小化 LR 等价于最大化如下 G，即：

$$G = \left(\frac{\hat{\sigma}_m^2}{(\hat{\mu}_m - \gamma)^2 + \hat{\sigma}_m^2}\right)[\hat{\mu} - \gamma\iota - \hat{\beta}(\hat{\mu}_m - \gamma)]'\hat{\Sigma}^{-1}$$

$$[\hat{\mu} - \gamma\iota - \hat{\beta}(\hat{\mu}_m - \gamma)] \qquad (4.86)$$

于是，使 G 达到最大的 γ 数值就是最大似然估计量。对方程 $\frac{\partial G}{\partial \gamma}=0$ 有两个解，它们是如下二次方程的实数根，即：

$$H(\gamma) = A\gamma^2 + B\gamma + C \qquad (4.87)$$

这里，

$$A \equiv \frac{1}{\hat{\sigma}_m^2}(\iota - \hat{\beta})'\hat{\Sigma}^{-1}(\hat{\mu} - \hat{\beta}\hat{\mu}_m)$$

$$- \frac{\hat{\mu}_m}{\hat{\sigma}_m^2}(\iota - \hat{\beta})'\hat{\Sigma}^{-1}(\iota - \hat{\beta})$$

$$B \equiv \left(1 + \frac{\hat{\mu}_m^2}{\hat{\sigma}_m^2}\right)(\iota - \hat{\beta})'\hat{\Sigma}^{-1}(\iota - \hat{\beta})$$

$$- \frac{1}{\hat{\sigma}_m^2}(\hat{\mu} - \hat{\beta}\hat{\mu}_m)'\hat{\Sigma}^{-1}(\hat{\mu} - \hat{\beta}\hat{\mu}_m)$$

$$C = -\left(1 + \frac{\hat{\mu}_m^2}{\hat{\sigma}_m^2}\right)(\iota - \hat{\beta})'\hat{\Sigma}^{-1}(\hat{\mu} - \hat{\beta}\hat{\mu}_m)$$

$$- \frac{\hat{\mu}_m}{\hat{\sigma}_m^2}(\hat{\mu} - \hat{\beta}\hat{\mu}_m)'\hat{\Sigma}^{-1}(\hat{\mu} - \hat{\beta}\hat{\mu}_m)$$

如果 A 大于 0，最大似然估计量 $\hat{\gamma}^*$ 是最小的根，如果 A 小于 0，最大似然估计量 $\hat{\gamma}^*$ 就是最大的根。如果 $\hat{\mu}_m$ 大于球最小方差关于样本的均值收益，则 A 大于 0；也就是，市场组合在带约束的均值—方差边界的有效部分上面。我们无须借助迭代过程就可以通过把 $\widehat{\gamma}^*$ 替换进入（4.70）式和（4.71）式来获得 $\widehat{\beta}^*$ 和 $\widehat{\Sigma}^*$。

我们用（4.76）式中 γ 的超额收益来构造 Black 模型的近似检验。如果 γ 是已知的，同样的方法可以构造 Sharpe – Lintner 模型的 F 检验，该检验在（4.31）式中用于检验零贝塔超额收益市场模型截距为 0 的零假设。这个检验统计量为：

$$J_6(\gamma) = \frac{(T-N-1)}{N}\left[1+\frac{(\hat{\mu}_m-\gamma)^2}{\hat{\sigma}_m^2}\right]^{-1}\hat{\alpha}(\gamma)'\widehat{\Sigma}^{-1}\hat{\alpha}(\gamma) \sim F_{N,T-N-1} \tag{4.88}$$

由于 γ 是未知的，所以在（4.88）式中的检验不能被直接运用。但是其近似检验 $J_6(\hat{\gamma}^*)$ 却可以被运用。因为，$\gamma=\hat{\gamma}^*$ 使对数似然比达到最小，当然也就使 $J_6(\gamma)$ 达到最小了。从而，$J_6(\hat{\gamma}^*)\leqslant J_6(\gamma_0)$，这里 γ_0 是 γ 的未知真实值。于是，使用 $J_6(\hat{\gamma}^*)$ 的检验会过度接受零假设。倘若使用 $\hat{\gamma}^*$ 零假设被拒绝，那么对任何 γ_0 零假设也将被拒绝。这种检验方法可以提供人们对零假设进行有用的检查。因为在（4.85）式中通常的渐近似然比检验也被发现是过度拒绝零假设的。

最后，我们考虑对期望零贝塔组合收益的推断问题。给出 γ 的最大似然估计量，我们需要对它的渐近方差作出推断。使用费雪尔信息矩阵，γ 的最大似然估计量的渐近方差是：

$$Var[\widehat{\gamma}^*] \overset{a}{=} \frac{1}{T}\left(1+\frac{(\mu_m-\gamma)^2}{\sigma_m^2}\right)\left[(\iota-\beta)'\widehat{\Sigma}^{-1}(\iota-\beta)\right]^{-1} \tag{4.89}$$

上述方差的估计量可以在最大似然估计处被计算，有关 γ 数值的推断可以由 $\widehat{\gamma}^*$ 的渐近正态性给出。

4.3 非正态和非独立同分布收益

本节我们集中考虑有关收益随时间偏离联合正态和独立同分布假设和统计推断问题。我们考虑伴随有非正态性，异方差性和收益的同期相关性的检验。对这样的检验人们之所以感兴趣，主要有以下两个理由：第一，当正态性的假设充分的话，就没有必要把CAPM 作为理论模型。采用正态性假设主要是从统计目的考虑。没有正态性的假设，资本资产定价模型检验的有限样本性质就难以获得。第二，证券的月度收益偏离正态性是已经被证明了的。同样，关于股票收益也存在着大量的异方差性和同期相关性的事实。即使同期相关性使人们不能把 CAPM 当作精确的理论模型来对待，它对检查模型的经验特征还是有意义的。由此考虑放松这些统计假设就是值得的。

我们可以运用广义矩方法（GMM）的框架结构来构造 CAPM 的稳健检验。我们的重点集中在 Sharpe - Linter CAPM 的检验。当然，用同样的方式也可以构造 Black 模型的稳健检验。在 GMM 的框架结构中，资产组合收益关于市场收益的条件分布不仅可以是序列相关，还可以是条件异方差的。我们只要假定超额资产收益是平稳的和具有有限的四阶矩就行了。我们继续用含 T 个时间序列观测和 N 个资产的样本。首先，我们需要建立具有 0 期望值的矩条件向量。所要求的矩条件来自于超额收益市场模型。残差向量提供 N 个矩条件，市场的超额收益与残差向量的乘积提供另外 N 个矩条件。使用金融市场计量经济学一书附录中的概念，对 $f_t(\theta)$ 我们有：

$$f_t(\theta) = h_t \otimes \varepsilon_t \tag{4.90}$$

这里，$h'_t = [1, Z_{mt}]$，$\varepsilon_t = Z_t - \alpha - \beta Z_{mt}$，以及 $\theta' = [\alpha'\beta']$。

超额收益市场模型的设定蕴涵着矩条件 $E\left[f_t\left(\theta_0\right)\right]=0$，这里 θ_0 是真实参数向量。该矩条件构成了使用广义矩方法进行估计和检验的基础。广义矩方法（GMM）选择的估计量满足该矩条件样本平均的线性组合是零。对于样本平均，我们有：

$$g_T\left(\theta\right)=\frac{1}{T}\sum_{i=1}^{T}f_t\left(\theta\right) \tag{4.91}$$

选择 GMM 估计量 $\hat{\theta}$，使其满足以下二次型达到最小；

$$Q_T\left(\theta\right)=g_T\left(\theta\right)'Wg_T\left(\theta\right) \tag{4.92}$$

这里 W 是（$2N\times 2N$）阶正定加权矩阵。由于在该情况下，我们有 $2N$ 个矩条件方程和 $2N$ 个未知参数，所以系统可以被准确识别以及可以选择 $\hat{\theta}$ 使得样本矩的平均值 $g_T\theta$ 等于 0。由于对任何加权矩阵 $Q_T\left(\hat{\theta}\right)$ 将达到零最小值，所以 GMM 估计量将不再依赖 W。于是，来自 GMM 过程的估计量等价于在（4.22）式中的最大似然估计量。这些估计量是：

$$\hat{\alpha}=\hat{\mu}-\hat{\beta}\hat{\mu}_m \tag{4.93}$$

$$\hat{\beta}=\frac{\sum_{t=1}^{T}(Z_t-\hat{\mu})(Z_{mt}-\hat{\mu}_m)}{\sum_{t=1}^{T}(Z_{mt}-\hat{\mu}_m)^2} \tag{4.94}$$

GMM 方法在这里应用的重要性是能够构造估计量的稳健协方差矩阵。而 $\hat{\alpha}$ 和 $\hat{\beta}$ 的方差将与最大似然方法得到同样估计量的方差不同。GMM 估计量 $\hat{\theta}$ 的协方差矩阵有：

$$V=\left[D'_0S_0^{-1}D_0\right]^{-1} \tag{4.95}$$

这里

$$D_0=E\left[\frac{\partial g_T\left(\theta\right)}{\partial\ \theta'}\right] \tag{4.96}$$

以及

$$S_0 = \sum_{i=-\infty}^{+\infty} E\left[f_t(\theta) f_{t-l}(\theta')\right] \tag{4.97}$$

由于 $\hat{\theta}$ 的渐近分布是正态的，于是我们有：

$$\hat{\theta}^a \sim N\left(\theta,\ \frac{1}{T}[D'_0 S_0^{-1} D_0]^{-1}\right) \tag{4.98}$$

由于 D_0 和 S_0 都是未知的，所以应用（4.97）式中的分布结果要求它们的一致估计量。在这种情况下，对 D_0 我们有：

$$D_0 = -\begin{bmatrix} 1 & \mu_m \\ \mu_{m(\sigma_m^2+\mu_m^2)} & \end{bmatrix} \otimes I_N \tag{4.99}$$

使用 μ_m 和 σ_m^2 的最大似然估计量我们可以很容易地构造 D_0 的一致估计量 D_T。为计算 S_0 的一致估计量，有必要增加把（4.97）式中的无限项和式简化为有限项和式的假设。定义 S_T 为 S_0 的一致估计量，则 $\frac{1}{T}R\ [D'_T S_T^{-1} D_T]^{-1}$ 就是 $\hat{\theta}$ 的协方差矩阵的一致估计量。注意 $\hat{\alpha} = R\hat{\theta}$，这里 $R=(1\quad 0)\otimes I_N$；$V_{ar}(\hat{\alpha})$ 的稳健估计量是 $\frac{1}{T} R\ [D'_T S_T^{-1} D_T]^{-1} R'$。使用这些结果我们可以构造（4.30）式中 Sharp – Lintner 模型的卡方检验。检验统计量是：

$$J_7 = T\hat{\alpha}'[R\ [D'_T S_T^{-1} D_T]^{-1} R']^{-1}\hat{\alpha} \tag{4.100}$$

在零假设 $\alpha = 0$ 的情况下，

$$J_7 \overset{a}{\sim} \chi_N^2 \tag{4.101}$$

麦金雷和理查德森（Mackinlay and Richardson，1991）说明了在违反标准分布假设时使用标准 CAPM 检验统计量可能产生的偏差。他们尤其考虑了同期条件异方差性的情形。在具有同期条件异方差性的情况下，（4.11）式市场模型残差的方差依赖于同期市场收益。在他们的例子中，超额收益的 IID 和服从联合多变量 t 分布的假设也许是出于实证和理论两方面的动机。大部分来自收益分布的实证结果表明收益具有比其在正态情况下更厚的尾部和更高的峰顶。这样的结果就与收益服从多变量 t 分布的假设一致了。进一步还有，收益服从多变量 t 分布使得均值一方差分析与期望效用最大化一致起来了。这就从理论上对收益的分布给出了倾向性地选择。

对 t 分布情形并且使用标准 CAPM 检验尺度，我们看到偏差依赖于市场组合的夏普率和 t 分布的自由度。麦金雷和理查德森（MacKinlay and Richardson，1991）给出了各种夏普率和从 5 到 10 的 t 分布自由度潜在的偏差的估计。他们发现一般情况下偏差是小的，但是如果夏普率高而 t 分布自由度小，则偏差也许会很大，并且可能会导致错误的统计推断。根据由 GMM 方法得到的 J_7 检验统计量对模型被拒绝的可能性所作的简单检查，发现是数据中异方差性的作用结果。

4.4 检验的结论

本部分我们考虑有关检验方法的实证工具问题。包括实证结果的归纳，实证解释的工具和市场组合可观测性的讨论等内容。

4.4.1 实证结果的归纳

大量的文献表明自 20 世纪 60 年代财务模型发展以来，关于 CAPM 的实证研究已经有了很大进展。早期的实证研究大部分都是从正面进行的。比如，布莱克、杰森和斯科尔斯（Black，Jensen and Scholes，1972），法马和麦克贝恩（Fama and MacBeth，1973）以及布鲁姆和弗兰德（Blume and Firend，1973）所报告的全部实证结果都与市场组合均值一方差有效性是一致的。也有一些关于 Sharpe－Lintner CAPM 的实证结果，其中关于零贝塔组合均值收益的估计高于无风险收益的结论由 Black 模型作出了解释说明。

在 20 世纪 70 年代后期，有关 CAPM 好的实证文献较少，然而却出现了所谓非常规性研究文献。按照本章所讨论过的检验内容，非常规性可以被认为是公司的特征。利用这种特征可以捆绑资产，使得包括切线组合在内的资产组合的事后夏普率比市场组合的还要高。所以，从比较的角度看 CAPM 的预测能力，公司特征对截面样本均值收益提供的解释要比 CAPM 的贝塔系数有力。

早期的非常规性研究内容包括市盈率作用和规模效应两个方面。巴苏（Basu，1977）第一次提出了市盈率作用。巴苏发现对以公司市盈率为基础形成的组合来说，市场组合并不是以均值—方差有效出现的。低市盈率的公司具有较高的样本收益，而高市盈率的公司要比市场组合是均值方差有效的公司具有更低的收益。关于规模效应，邦茨（Banz，1981）首先在文献中指出：当市场组合是均值—方差有效的时候，市场资本化程度低的公司的样本均值收益要比预期的高。这两个非常规性至少说明了低市盈率的公司大都是规律小的公司。

近来也有一些非常规性的研究结果。法马与弗兰切（Fama and French，1992，1993）发现贝塔系数不能解释以权益资产账面价值对市场价值的比率为基础形成的组合之间收益的差异。公司的权益资产账面价值对市场价值的比率高，其平均收益就要比由 CAPM 预测的结果高。同样，迪波恩德和塞勒（DeBondt and Thaler，1985），以及杰伽迪希和蒂特曼（Jegadeesh and Titman，1993）发现，按照以往买入股票者价值减少和卖出股票者价值增加的结构形成的组合，其平均收益也要比 CAPM 预测的结果高。法马（Fama，1991）对这些和其他一些非常规性问题作了很好的讨论。

虽然，非常规性的研究结果也许从经济上指出了偏离 CAPM 问题的重要性，但其中对公司特征研究的一些文献还是有点理论动机的。这也就揭示了由于数据探察和样本选择所造成的偏差可能产生对 CAPM 实证结果的过分夸大。我们这里仅简短地讨论这种可能性。

数据探察性偏差与统计推断中的偏差有关，它们都因使用来自于数据的信息并用同样的数据或相关的数据进行以后的研究所造成。这些偏差由于经济的非实验性几乎不可避免。我们不可能为获得新的数据集而花费巨大代价去操作另一个经济实验。罗和麦金雷（Lo and MacKinlay, 1990b）解释说明了在 Sharpe - Lintner CAPM 检验中数据探察性偏差的潜在数值。他们不是从理论上选择组合，而是使用相关数据从以往股票的均值收益并根据相应公司的特征（如规模和市盈率）把股票捆绑成投资组合来考虑的。比较有数据探察和没有数据探察两种情况下检验统计量在零假设之下的分布，我们认为其偏差的数值可能是很大的。而在实际当中，要确定对数据探察的调整也是很困难的。于是，要忠告大家的主要信息就是至少得把偏差当作模型发生偏离的一个潜在解释。

样本选择偏差可能是由于取得数据的同时把某一特定的股票类排除在分析之外所产生的。例如，科萨雷、尚肯和斯隆（Kothari, Shanken and Sloan, 1995）认为账面与市场的价值比率研究对数据的要求会导致把绩差股排除在外，从而产生残存偏差。因为绩差股被认为具有低的收益和高的账面与市场的价值比率。含有高的账面与市场的价值比率的股票平均收益将会具有一种向上的偏差。科萨雷、尚肯和斯隆（Kothari, Shanken and Sloan, 1995）认为这种偏差是对前面引用法马与弗兰切（Fama and French, 1992, 1993）结果的很大反映。当然，这种特殊的残存偏差的重要性还没有确定，但是对研究者来说应当清楚来自于样本选择偏差的潜在问题。

对于 CAPM 在中国股票市场上的适用性问题，近年来国内一些学者陆续做了研究。国内的有关研究主要围绕标准形式的 CAPM 进行。杨朝军、邢靖（1998）是国内最早系统研究该问题的文献之一。其后还有陈小悦、孙爱军（2000），陈浪男、屈文洲（2000），阮涛、林少宫（2000）和李和金、李湛（2000）。从这些文献的研究结果来看，在 1999 年以前的中国股市，CAPM 基本上是不适用的，而且股票收益率与 β 之间的关系随时期的不同而变化。但是，它们都没有单独研究零贝塔形式的 CAPM（即市场中不存在无风险资产时的 CAPM），现实的市场中可能并不存在无风险资产，尤其是在现阶段的中国，投资者可以选择的投资机会极其有限，商业银行存款并不是合适的无风险投资渠道，而国债多为中长期的，也不能代表无风险资产。这样，研究零贝塔形式的 CAPM 可能更加重要。

4.4.2 实证解释的工具

我们提出分别用 Sharpe – Lintner 模型和 Black 模型的检验来说明检验结论。考虑七个检验统计量：来自（4.31）式的 J_1 来自（4.41）式的 J_2、来自（4.49）式的 J_3、来自（4.74）式的 J_4、来自（4.75）式的 J_5、来自（4.88）式的 J_6 和来自（4.99）式的 J_7。检验使用的是我国三大商品交易所的各自的主打品种，即上海期货交易所的铜，郑州商品交易所的小麦，大连商品交易所的大豆。2004 年 10 月 19 日正式推出的证券时报商品指数（SCI）被用作市场组合的替代量。样本范围从 2004 年 10 月 18 日至 2005 年 10 月 17 日。无风险收益率以一年期银行存款利率 1.71% 来度量。采用期货和指数的日收益率时间序列。检验在整个时段进行。

表 4 – 4　　CAPM 检验的实证结果

Sharp – Lintner 模型	J_1	P 值	J_2	P 值	J_3	P 值	J_7	P 值
麦	1.281	0.259	1.288	0.256	1.275	0.259	0.625	0.429
豆	1.593	0.208	1.601	0.206	1.584	0.208	1.184	0.276
铜	0.520	0.472	0.524	0.469	0.518	0.472	0.641	0.423
麦豆铜	1.029	0.380	3.119	0.374	3.074	0.380	2.090	0.554

续表

Black 模型	J_4	P 值	J_5	P 值	J_6	P 值	J_7	P 值
麦	—	—	—	—	80.823	0.000*	0.506	0.477
豆	—	—	—	—	0.101	0.751	1.140	0.286
铜	—	—	—	—	1.851	0.175	0.600	0.439
麦豆铜	2.972	0.226	2.928	0.231	26.801	0.000*	1.927	0.588

注：1. * 小于 0.0005。

2. SCI 指数作为市场组合的度量；一年期的银行存款利率作为无风险收益率的度量。

表 4-4 列出了关于 Sharpe-Lintner 和 Black 的 CAPM 模型的实证结果。根据 Sharp-Sharp-Lintner 形式的 CAPM 模型，α 应当为零（或零向量）。检验结果说明：无论在 5% 或 10% 的显著性水平下，α 确实是零（或零向量），因此，我们可以认为选用 SCI 指数代表市场组合是有效的组合，检验统计量相互间的比较结果显示了有限样本推断没有不同的结果。但是，Black 模型却出现了相反的结论，对小麦零假设的检验和小麦、大豆和铜的联合检验结论的考察发现，在 5% 的显著性水平下，SCI 指数代表的市场组合不是"均值—方差"有效的。考察一下所编程序的结果，发现根据（4.87）式计算小麦品种的 A 值为 -309468.64，小于 0，其对应的最大似然估计量 $\hat{\gamma}^*$（此处值为 0.0143）就是最大的根，说明市场组合在带约束的均值—方差边界的有效部分下面。同理，小麦、大豆和铜的联合检验程序的考察发现，根据（4.87）式计算的 A 值为 -303915.2，其对应的最大似然估计量 $\hat{\gamma}^*$ 为 0.01427，同样说明市场组合在带约束的均值—方差边界的有效部分下面。

由于现阶段我国投资者可以选择的投资机会极其有限，商业银行存款并不是合适的无风险投资渠道，而国债多为中长期，也不能代表无风险资产，因此，我们选择零贝塔形式的 CAPM 的统计结论，即在5%的显著性水平下，SCI 指数代表的市场组合不是“均值—方差”有效的。

4.4.3 市场组合的不可观测性

在前面的分析中，我们还没有指出市场收益是不可观测的以及检验中使用的是替代量这个问题。理论上讲，市场组合应当包含所有资产，而绝大多数检验仅使用股票交易所和商品交易所的指数价值作为替代量。罗尔（Roll，1977）强调 CAPM 模型的检验实验上拒绝的仅仅是替代量的均值—方差有效性。如果使用真实的市场组合收益，该模型就不会被拒绝。针对统计推断对使用市场组合替代量这个敏感的问题，人们已经建议并提出了许多方法。

一种方法是由斯坦博（Stambaugh，1982）发展起来的。他考察了把一些较重要的市场组合替代量资产排除以后检验的敏感性，证明了无论使用股票替代量、股票和债券替代量，还是股票、债券和实物资产替代量，统计推断的结果都是相似的。于是，他认为统计推断对作为市场组合度量的替代量中的误差是不敏感的，所以 Roll 关注的不是一个实证问题。

克服使用市场组合替代量敏感问题的另一种方法由坎德尔和斯坦博（Kandel and Stambaugh，1987）与尚肯（Shanken，1987a）提出。他们在论文中估计了市场组合收益替代量与真实市场收益之间相关的上界，结果不可避免地推翻了对 CAPM 的拒绝。他们的基本发现是市场组合收益替代量与真实市场收益之间的相关度超过 0.70，拒绝使用市场组合收益替代量的 CAPM 模型同样也意味着拒绝使用真实市场组合。于是，只要我们确认市场组合收益替代量与真实市场收益是高度相关的，否则就将完整地拒绝 CAPM。

4.5 本章小结

本章集中讨论了检验无条件 CAPM 的经典方法。笔者以 Sharpe－Lintner和 Black 的 CAPM 模型为基础进行实证检验，结果说明：无论在5%或10%的显著性水平下，Sharpe－Lintner 模型的结论告诉我们，可以认为选用 SCI 指数代表市场组合是有效的组合，检验统计量相互间的比较结果显示了有限样本推断没有不同的结果。但是，Black 模型却出现了相反的结论，对小麦零假设的检验和小麦、大豆和铜的联合检验结论的考察发现，在5%的显著性水平下，SCI 指数代表的市场组合不是“均值—方差”有效的。另外，有一个重要的主题就是检验各类条件 CAPM 的拓展，在此类模型中，对描述经济状态的状态变量取条件。笔者希望下一步能继续这方面的研究。

5 我国期货市场的管理体系

期货市场作为目前市场经济的最高组织形式，发展速度极快，大连商品交易所的非转基因大豆品种交易量现在占世界第一位，大连商品交易所已成为世界非转基因大豆期货交易中心和价格发现中心。控制风险是期货市场永恒的主题，由于期货市场在我国是全新事务，不具有完善的法制环境，投资者法律意识又相对薄弱，故在短期内建立完善的风险控制系统和法律体系，任务十分艰巨。

中国期货市场经过了10多年的发展，已从无到有，从小到大，逐步成熟起来。但是由于中国期货市场的监管体系不够健全，到目前为止，中国期货市场一直未能充分发挥其套期保值和价格发现的功能，反而发生了很多严重影响期货市场正常发展的事件。目前世界各国期货市场的管理模式总体上可以分为两种：以政府监管为主的政府监管模式和以自律监管为主的自律监管模式。从组织层面看，一般都采用三级管理体系：政府监管机构、行业自律组织及期货交易所。

中国属于政府监管模式，以行政监管为主。2000年年底，中国期货业协会成立，初步建立了由中国证监会、期货业协会和期货交易所组成的三级管理体系，同时制定了中国期货市场宏观管理所依据的有关法律法规并实行了一定的风险管理制度。但是，中国期货监管还存在着很多局限，例如，监管法规以限制性为主，为期货市场的规范起到了重要作用，但由于较少考虑市场发展，使期货市场发展空间受到限制；宏观管理手段以中国证监会行政手段为主，期货业协会自律管理手段不足；中国证监会对期货市场的管理范围涉及各个方面，其中对市场微观活动的管理涉及过多；三级管理体系之间的职能划分不明确，相互之间的协调配合仍存在问题等等。

在整个期货市场管理体系中，政府监管和自律管理作为两个互补的手段，相互依存、良性互动。政府监管是由政府为了实现监管目标而利用各种监管手段对监管对象所采取的一种有意识的、主动的干预和控制活动，它具有强制性和全面性的特点。自律管理就是致力于监管市场本身、市场中介机构的资质，并监管市场中介机构的业务行为，包括它们与客户之间的关系。

5.1 政府监管应推动制度创新

中国期货市场的产生是在政府推动下完成的，其发展也深深地打上了政府的烙印。今后的发展，政府监管部门必须及时调整监管职能和监管方式，要通过制度创新带动品种创新，通过市场创新带动管理创新，促进中国期货市场的健康发展。要更好地进行期货监管，首先需要建立起职能划分明确、权责对等的监管体系。这是由于国际金融市场中各种金融服务和金融机构日益呈现出集中化的趋势，相互间的界限不再清晰，因此有必要成立一个单一的综合的监管当局去处理整个金融市场范围内的监督和管理。理论界对此也持肯定态度。其中，默顿与博迪于1993年提出了基于功能观点的金融体系改革理论。他们提出了两个假设：第一，金融功能比金融机构更稳定，即随着时间推移和区域的变化，金融功能的变化要小于金融机构的变化；第二，金融功能优于组织结构，即金融机构的功能比金融机构的组织结构更重要，只有机构不断创新和竞争才能最终导致金融体系具有更强的功能和更高的效率。他们认为从功能观点看，首先要确定金融体系应具备哪些经济功能，然后据此来设置或建立可以最好地行使这些功能的机构与组织。

处于经济转轨时期的中国期货市场具有政府催生特点。在其发展过程中存在“诺思悖论”：为了防止风险，政府强化管制手段；政府强化管制有效地保证了市场的稳定，但却使市场得不到应有的发展。市场稳定以失去市场效率为代价，造成“一统就死，一放就乱”的局面。随着期货市场的发展，监管制度创新成为中国期货市场进一步发展的关键。

5.1.1　监管模式创新

随着世界期货市场的国际化、一体化，成功的期货市场监管模式也呈现出了一定的趋同性特征：各国普遍认同三级监管模式；大多都把交易所和行业协会的自律管理作为期货市场监管的基础和核心力量，以保证监管的市场化和灵活性。从政府监管来说，比较注重运用法律手段的宏观管理。根据市场发展的需要，各国都在总结监管经验教训，改善各自监管模式的有效性，在实践中对监管手段不断进行改进和调整，从而更好地保护了期货市场的竞争性、高效性和流动性，提高了为市场参与者服务的水平。中国期货市场是在计划经济向市场经济转轨条件下发展起来的新兴市场。

随着期货市场的逐步发展，中国期货市场的监管经历了一个由地方到中央、由多个部门的分散监管到统一部门集中监管的过程。经过10多年的探索、试点、清理整顿，以《期货交易管理暂行条例》及四个《管理办法》的期货市场法规框架基本确立，中国证监会、中国期货业协会、期货交易所三个层次的市场监管体系已初步形成。由于中国期货市场仍处于发展初期，期货行业的自律管理和期货交易所的自我管理能力还比较薄弱，因而更多的是依靠政府的行政管理和行政干预。

政府监管既具有统一性、权威性和强制性的优势，也具有被动性、滞后性的不足。行政干预容易给市场带来硬伤和后遗症，干预过多、过细容易导致市场低效率和无活力。所以，以政府为主的监管，只能是在期货市场出现混乱、偏差和风险时采取的阶段性政策，一旦市场恢复了有序发展，政府监管应及时向法律监管和自律监管转型。当前，中国期货市场已经出现高速增长的趋势，构建期货市场的监管新体制已成当务之急。中国期货市场发展历史与期货监管的现状，决定了目前中国期货市场监管新体制的设计，只能是坚持政府监管的原则，在渐进中逐步接近市场管理模式。

1. 建立集中但非集权型的市场监管体制，坚持科学发展观和依法监管。所谓集中型的监管体制，就是在市场体系内，建立集中统一的金融衍生品市场监督管理体系，克服权力相互摩擦和责任相互推诿以及地方市场割据，排除法律、政策不统一等弊端。所谓非集权型的监管体制，是指政府期货主管部门不参与期货市场具体经营活动的审批，给期货市场的行为主体以充分发展的空间。

2. 综合利用多种监管手段，构造立体式监管结构。结构是指制度框架。新型监管体制综合利用法律监管、行政监管（包括国际性监管协调组织的协调和合作、各国各地区开展的跨境监管合作）、自律监管和舆论监督四种监管手段。国家应尽快修改现行法律制度中过多的限制性条款，支持期货市场发展，实现期货市场的法制化运作和监管。

3. 充分发挥期货市场自律功能。确立期货市场的监管体制，实际就是确立各监管主体的法律地位，明确各自的职能和关系，形成一个合理有效的市场监管体系。新型监管体制以法律形式确认期货协会和期货交易所的法律地位，赋予其制定运行规范、规划和监管市场、执行市场规则的权力，使期货市场的自律机构充分发挥自我监管、自我发展、自我约束的功能，改变政府监管过多的局面。

4. 加强期货市场的诚信建设。良好的诚信制度，是期货市场建立、运行和发展的重要基础。诚信关系犹如一条基本的红线，贯通于期货市场交易、运行和经营管理的各个方面。新型监管体制将期货市场诚信建设纳入法制建设之中，加大对失信及欺诈行为的处罚力度，提高失信及欺诈的法律成本。

总之，中国新型期货市场监管体制要以向市场参与者提供监管服务和保护市场参与者利益为目的。市场机制是期货市场运作的生命线，期货市场监管必须尊重市场经济规律，实行市场化监管，尽量减少行政干预。监管体制是期货市场健康发展的原动力，也是期货市场衰退的根源，我们必须对新型监管体制的构建给予高度的重视。

5.1.2 期货品种上市机制创新

期货品种是期货市场赖以生存和发展的源泉。期货市场的价格发现和规避风险的功能作用是依托于期货交易品种展开的。只有不断进行品种创新、实现品种多样性，期货市场才能够在更广泛的领域发挥经济功能，从而实现期货市场自身的发展。期货品种创新受制于期货市场的现有制度和既存观念，突破品种创新的“瓶颈”也势必从根本上依赖于期货市场的制度创新和思想解放。

理论上，期货新品种上市机制大致可以分为审批制、核准制和注册制三种模式。注册制将提供合适上市品种的义务赋予交易所，交易所自行决策上市品种，不需要得到政府主管部门的批准，只需由交易所向政府主管部门登记备案或将计划方案上报即可。审批制是指交易所在开发新品种时，只有经期货主管机关审查才能上市，即主管机关有权对新品种上市作出审查和决定，其采取的是实质管理原则。核准制介于审批制与注册制之间，交易所依据有关法规规定、新品种开发的程序及新品种上市的实质条件提出方案；监管机构依据规则对上市品种的条件进行合规性审查。核准制和注册制是以市场为主导的品种创新机制。从欧、美、日等海外发达期货市场的演化来看，新品种上市机制正在向核准制和注册制两种模式互相渗透的方向发展。

期货市场是市场的最高形式，它的运作与管理一定要用市场经济的手段。然而，中国期货市场的品种上市机制高度计划化，可以说是政府干预程度最深的审批制度之一。第一，从目前期货新品种上市应提供的大量材料以及程序来看，中国采用的是非市场化的两级审批制——交易所要上市新品种，首先要向中国证监会申请，中国证监会再报国务院批准，只有连过两大关后才能上市交易。第二，交易所期货品种资源选择或期货品种上市地点的选择基本上由证监会来协调，交易所没有任何的选择权；品种的上市时间也由中国证监会一手安排。在现行体制中，新品种推出的成本相当高，从而降低了期货市场的效率，遏制了期货市场的交易需求，削弱了期货市场的自主创新，助长了期货市场的垄断地位，影响了期货市场的发展，有悖于期货市场本身的公开、公平、公正的基本原则。

期货新品种开发机制的扭曲与不到位目前已成为制约期货业发展的“瓶颈”。理顺期货新品种上程序，建立合理、高效的市场导向上市制度，必将大大推进中国期货市场改革的深入，迎来期货业的大发展。在市场价值取向已经确定的情况下，将核准制和注册制作为期货新品种上市机制改革的长远目标是适宜的。但鉴于中国期货市场的发展阶段以及经济体制转型现状，改革审批制应是目前的最佳选择。作为转型过渡，可以在《期货法》出台之前进行核准制试点，但在《期货法》中应将注册制加以规定，以为期货市场的长久发展奠定良好的基础。中国期货新品种上市制度的市场化转型大致可以分为三个阶段。

第一阶段：改良审批制。一般而言，发展中的市场注重事前监管，因为相关的法规和事后监管措施不健全；而成熟市场则注重事后监管。中国期货市场在过去的十年里发展迅速，但是仍然是典型的新兴市场，所以事前的监管仍然是保障市场规范和发展的要求，这决定了审批制的退出仍需要时间，在此之前则需要积极对审批制依据专业、透明和效能的原则进行改良。在改良的审批制下，政府对新品种上市的实质性审查和最终决定权没有变化，主要是审批程序的调整和审批技术的改进。具体做法可以是成立由国务院授权的期货品种上市审批委员会，对交易所提交的拟上市品种进行科学而有序的审批，同时在审批制改革的过程中引进听证制度。听证制度是世界上大多数国家行政程序法中确立的一项基本制度，《中华人民共和国行政处罚法》也确立了行政听证制度。期货新品种上市，对社会、企业、个人都将产生直接的影响，关系到企业和投资者的切身利益。所以，在审批制改革中引进听证制度是既保证决策的科学性，又有利于人民民主权力的实现。目前新品种上市行政审批复杂、时间漫长。建议实行集中的“一站式”审批管理平台，以减少中间环节，提高审批效率。

第二阶段：实行核准制。新品种上市制度改革的第二阶段推进法制化监管，实行核准制。中国证监会设立专门的期货品种上市核准委员会，由证监会期货部专业人员和所聘请的各行业专家、期货学者甚至海外专家组成。期货品种上市核准委员会对新品种上市的具体标准加以明确公布，依法审核交易所的品种上市申请。根据交易所申报的交易品种的性质，由证监会在委员会成员中遴选出相关专家组成核准工作委员会，以投票方式对品种上市申请进行表决，要求经2/3以上绝对多数同意方能通过，并提出审核意见。为防止交易所上市期货品种过于频繁，可规定交易所每年度上市品种不得超过一定的数量，超过这个数量不予核准。

第三阶段：实行注册制。在新品种上市制度改革的第三阶段，为促进交易所创新积极性及提高市场效率，应在政府的宏观管理下，将期货品种上市选择权尽最大可能地还给期货交易所。交易品种的发展潜力和投资价值应由市场决定而非政府判断，交易所根据国民经济的发展和市场的需求，开发出满足市场对规避风险和价格发现需求且具有投资价值的期货品种，设计出科学的标准合约，制定出可行的风险控制措施，并对品种的发展潜力作出合理的预测，报中国证监会备案后即可上市交易。与此同时，建立和完善期货品种的退市机制。交易所期货品种上市不能只追求数量，不重视质量。要进一步强化市场效果的检验论证工作，那些不适应市场需求的品种，要逐步退出，待今后市场成熟后，再另行恢复。完善的品种上市机制和退市机制，是中国期货市场持续健康发展的制度保障之一。

5.1.3 交易所组织制度创新

在过去的 150 多年内，世界上的绝大多数交易所（最典型的组织化市场形式）都是采用了非盈利性会员制的组织形式。直到 20 世纪 90 年代中期，世界主要期货交易所，包括 CBOT、CME、NYMEX 和 LIFFE ，一直拒绝接受改组为盈利性实体的选择。但在信息化时代，会员制交易所面对的垄断市场和交易非自动化这两个基础已经不复存在，而缺乏激励机制的传统模式的治理结构形式所具有的弊端却日益突出，阻碍着交易所的长远发展。比如，交易所会员之间利益冲突、交易所筹资困难、集体决策体制不灵活、工作效率低下、对环境变化反应迟钝等弱点已经严重威胁到传统交易所的生存。20 世纪 90 年代开始，世界期货市场发生了一系列发展迅速、引人注目的组织变革，越来越多的期货交易所正在由会员制向公司制转变，全球掀起了一股交易所“合并上市”的浪潮。

目前中国三大期货交易所都实行会员制，交易所的注册资本金划分为均等份额的会员资格费，由会员出资认缴。大商所的资本金是9 500万元，每个会员出资50万元；上期所资本金为1 125亿万元，每个会员出资50万元；郑商所的资本金是1亿元，每个会员出资40万元。虽然中国期货交易所目前均实行会员制，但由于体制方面的原因，中国的会员制并不完整，与国际标准的会员制存在较大差异，主要表现在三个方面：第一，期货交易所的产权不清。与期货交易所的全部财产属于全体会员的国际标准会员制不同，中国的期货交易所在建设初期由各部委、各地方共同出资，国有资产占有相当大的比重，经会员制改造后，偿还了一部分，但仍然存在。期货交易所产权关系不明晰，在所有权和财产关系上就不能真正理顺，实质上成为监管部门的“附属”，对市场的自律管理意识和创新的主动性不强。第二，期货交易所的组织结构不同于国际标准的会员制。中国期货交易所由政府主办，在政府监管部门的主持下，交易所形成了以行政权为主导的会员制，政府行政管理在交易所权力结构中起到了决定性的作用。会员资格在很大程度上仅代表交易权力，在参与交易所的管理上还有很大的局限性。比如，期货交易所主要领导人的任命，带有强烈的行政色彩。《期货交易所管理办法》规定，理事长、副理事长由中国证监会提名，理事会选举产生；总经理、副总经理由中国证监会任免。第三，期货交易所存在盈利，与不以盈利为目的的国际标准的会员制不同。据统计，2001年国内3家期货交易所共盈利达3亿元。中国期货市场风险事故频频发生，与交易所想方设法盈利不无关系。2002年7月1日开始实施的新的《期货交易所管理办法》第三条对交易所的性质进行了重新界定，不再把“不以盈利为目的”作为期货交易所的特征。

以上分析说明中国的期货交易所还不是真正意义上的会员制。既然期货交易所由会员制转向公司制是世界范围的新潮流，那么，中国期货交易所由会员制转向公司制就是一种必然选择。中国期货交易所改制可以分为三个阶段，首先完善会员制，严格按照国际惯例来规范期货交易所的行为，待到中国的期货交易所与国际市场接轨之前，再选择适当的时机改制成公司制，以适应日趋激烈的市场竞争的需要。

第一阶段：把交易所办成真正会员制的交易所。目前，中国期货交易所的会员制并不是真正的会员制，而至多只能称“准会员制”。期货市场在运作上存在许多不协调的地方，如财力有限并抗风险能力不足，监管相对较严并缺乏创新动力和实力等问题，根源就在于“准会员制”的制度缺陷。期货交易所会员制是期货市场体制创新的起点，把交易所办成真正会员制的交易所，让交易所自律管理真正成为期货市场监管的基础和核心力量。期货交易所旨在为全体会员提供交易权利、交易场地和交易服务，是社会性的组织，是特殊法人，不同于一般法人组织。

第二阶段：实行期货交易所股份制改造试点。期货交易所从会员制向公司制转化已经成为世界范围内的一种新趋势，是期货市场创新的新方向。公司化改制是一种新的尝试，需要探索进行。我们可以根据市场发展情况，在进一步规范和完善会员制管理的同时，选择运行规范稳定并交易活跃的期货交易所，借鉴国际期货市场的成功经验进行公司化改造试点，在妥善处理盈利机制和一线监管关系的基础上，积极探索期货交易所体制创新的有效途径，切实解决期货市场发展的根本问题。以盈利为目的的公司制期货交易所符合现代企业发展的方向，有利于建立完善的公司治理结构，消除融资“瓶颈”，提高决策效率，增强交易所的竞争力。从2001年开始，国内期货业界公司化的呼声也日益高涨。“向公司化探索，向国际化靠拢”，确实已经成为国内外期货交易所共同的“心声”。新的《期货交易所管理办法》取消了期货交易所“不以盈利为目的”的规定，为将来交易所组织形式的创新留下了空间，为交易所进行公司制改造提供了法律上的保障。

第三阶段：实行交易所公司化，探索交易所上市。中国期货市场的持续快速健康发展，最有效的途径和动力就是体制创新。通过体制创新，完善期货交易所的法人治理结构，建立健全激励机制，提高市场运行效率，增强市场应变能力、创造力和创新动力，进一步促进市场的创新与发展。期货交易所进行公司制改造后，股东大会为最高权力机构，由股东大会选举产生的董事会是最高决策机构。由股东大会选举产生的监事会对董事会的决策进行监督。经纪公司将由原来的会员变成股东，可以参与交易所的管理和经营，并享有分配交易所利润的权利，而如果交易所能够上市，原有会员还将有更多的收益。交易所如以上市公司的形式组建，股东所持股份可以流通，如不以上市公司的形式组建，股东所持股份不可以流通。期货交易所改制上市，必然实行交易权与所有权的分离，会员在改制后可以保留交易权而卖掉其代表所有权的交易所股票，也可以保留其持有的交易所股票而卖掉交易权。

5.2　加强期货市场自律管理体系

自律管理作为平衡政府与市场间的桥梁，是期货市场监管体系的重要组成部分。首先对期货市场自律管理体系的内涵加以界定，然后分析美国和中国期货市场的监管传统和组织结构，进一步对中美期货市场从自律组织授权与监管、自律体系内部关系和自律管理职能三个方面进行比较研究，总结推动自律管理发展的内部和外部因素，最后给出改革中国期货市场自律管理体系的建议。

在过去的10多年里，中国期货市场从无到有、从无序到规范，发生了巨大的变化。其中一个明显的特征，就是自律管理作为一种治理工具，其重要性日益凸显。2000年年底中国期货业协会成立，标志着以中国证监会代表的政府监管和以协会、交易所为代表的自律管理“两级三方”管理架构基本确立，这一架构主要借鉴了美国期货市场的管理模式。国内学者主要从监管的角度对中美两国期货市场进行比较分析，在对自律管理进行分析时也多是从法律角度谈及交易所或行业协会的法律地位和性质，较少有人从系统的角度——自律管理体系来进行研究。本节对中国和美国期货市场自律管理体系进行比较出于以下目的：美国期货市场的发展变化；美国的自律管理模式在何种程度上影响着中国；评估趋同程度和存在的差异。为此，本节首先对期货市场自律管理体系的内涵加以界定，然后分析美国和中国期货市场的监管传统和组织结构，进一步对中美期货市场从自律组织授权与监管、自律体系内部关系和自律管理职能三个方面进行比较研究，总结推动自律管理发展的内部和外部因素，最后给出改革中国期货市场自律管理体系的建议。以期探索并尽快建立一套适合中国期货行业发展特色的、科学的自律体系，激发自律组织活力，推进中国期货行业的快速、健康发展。

自律管理就是致力于监管市场本身、市场中介机构的资质，并监管市场中介机构的业务行为，包括它们与客户之间的关系。这些职责可以由单一的自律组织行使，或者由不同的自律组织之间分配。简单地说，自律管理体系是指在一定的监管制度下，各自律主体为完成自律活动而组成的一个系统。就期货行业而言，广义的行业自律体系主要包括：以期货业协会、期货交易所、结算机构、期货经纪公司等市场参与主体的自律管理、相互之间的地位、功能及其协调关系。狭义的自律体系则从自律监管角度考虑，仅包括期货业协会、期货交易所两大主体。下文主要从狭义角度研究两大自律主体在期货市场监管中的地位、作用及其相互关系。

5.2.1 境外期货业自律监管体系历史的沿革

1. 美国期货市场。美国期货市场自律监管体系的形成经历了一个漫长的发展阶段，从早期的自发自律，到出现问题政府加强监管，再到政府主导下的法定自律，是市场与政府、监管者与被监管者进行博弈的结果。该种自律监管制度由国家法律认可，法律规定成立自律组织，同时明确自律组织的职责，并赋予其为履行职责所必需的权利，此外也对自律组织权力的行使予以限制，因此自律监管是在法律的框架下运作的。

2. 英国期货市场。英国对于期货业的管理随着英国金融法律框架的调整而有着显著的变化，有过两次重大变革。1986 年英国议会通过了《金融服务法》，取代了英国政府以前制定的一些单行法规，结束了英国资本市场管理的松散的自律状态，确立了新的在法律框架下的自律管理模式，同时指定证券投资委员会（SIB）履行监管包括证券和期货市场在内的投资行业的职能。1997 年，英国政府认识到当时的分行业多头监管的模式已经远远不能满足市场快速发展及结构调整的要求，开始新一轮的金融改革，建立单一的金融市场法律体系及与之相对应的统一的监管机构，在 SIB 的基础上合并原有的九个监管实体成立金融服务局（FSA）。2000 年 6 月，政府推出了《金融服务及市场法案》，建立起单一监管机构的金融体系。通过这样一种制度安排，使得政府监管基于自律机制发生作用，政府监管与自律监管巧妙地融合在一起。

3. 日本期货市场。日本期货市场成立之初便由政府严格审批和控制，在期货交易所正式成立之前先颁布法令，这种举措使日本的期货市场管理从一开始就建立在法制的基础上，使期货交易从一开始就在政府的严格管理和调控下有序进行。日本的期货行业协会多属民间性质。随着日本经济结构的调整和经济自由化浪潮兴起，日本政府对期货市场的作用重新给予肯定，行政监管的方针从严格控制转为培育和扶持。成立新日本商品交易协会，作为法定的期货经纪业自律组织。目前，日本期货市场监管架构是以主管大臣和主管部门监管为主、各期货交易行业组织自律、期货交易所自我监管为辅的三级监管体系。但与欧美期货市场相比，政府对期货市场的监管相当严格，自律监管相对较弱。

5.2.2 境外期货市场自律监管体系特点和发展趋势

通过考察上述几个期货市场的自律监管体系的形成过程和现状，可以发现以下特点：

1. 从管理的组织体系上看，上述各国和地区都倾向于采用政府监管与自律监管（包括行业协会和交易所）相结合的“二元监管”模式。这种分层化监管，有助于环环相扣，层层控制，互相制衡，分散风险，有利于不同层次借助于市场手段、法律手段、行政手段对市场进行综合监管。

2. 从监管的手段来看，大多都把交易所和行业协会的自律监管作为期货市场监管的基础和核心力量，尊重市场规律，保证监管的市场化和灵活性。同时，各国均强调政府要从宏观上对市场进行法制化管理，自律监管要在政府监管的框架下定义，以保证期货市场发展的有序性、稳定性和持续性。

3. 从发展趋势来看，各国期货市场的自律监管体系趋于一致，政府主导下的法定自律模式得到不断发展，包括传统自律主导型的监管模式也正在向其转变。如美国继续强化自律组织的法律地位；像英国这样的传统的以自律为主的市场，也出现向政府主导下法定自律的转变趋势。

4. 从世界各国期货业情况看，世界上主要的期货交易所大多由会员制改为公司制，并实行区域整合和战略联盟。以电子化、网络化为特征的信息技术革命彻底改变了原先以口头喊价为主的交易模式的生存环境，由此带来了激烈的竞争。同时各国推行金融自由化与放松管制，使得交易所之间的竞争跨国过境，呈现全球化的特点。各交易所为了生存，纷纷由传统的会员制改为公司制，交易所之间也在同一区域内进行资源与业务整合，不同区域之间采用战略联盟的方式，共享市场资源以实现双赢。交易所改制和联盟在提高效率、降低成本、改善服务的同时，对其自律监管功能也产生了一定的影响。如美国商品期货交易委员会（CFTC）和证监会（SEC）担心改制后的交易所可能放松自律性监管以降低成本和吸引客户。实际上，自律监管如何适应交易所改制和联盟已经成为当前研究的热点问题。

总之，境外期货市场在加强政府监管的同时，并不是说自律监管的作用被忽视了。相反，正如证监会国际组织（IOSCO）报告《证券监管的目标与原则》所指出的："自律监管是政府监管的有益的补充，有效的自律监管体系必须在政府监管框架下定义。监管体制应该合理利用自律组织对相应的竞争领域实行直接的监管义务，并且监管作用的发挥要与市场大小和复杂度相适应。"在当前监管模式的改革中，自律监管的许多方面被纳入法定监管框架中，其法律地位得到明确，独立性更强。

5.2.3 期货市场自律管理体系的形成

在美国，从 1848 年世界上第一家现代意义上的期货交易所——芝加哥期货交易所（CBOT）成立后相当长的一段时间里，行业自律一直是期货市场的主要监管力量，交易所自行制定规章制度，对场内期货交易进行管理。由于交易所各自为政，缺乏政府统一监管，导致市场上囤积现货、炒作期货价格、非法交易及诈欺事件层出不穷。美国政府为规范期货交易行为，逐渐介入到期货市场的监管中来，并积极地立法来规范期货市场的健康发展。1922 年，美国国会通过《谷物期货法》，构建了当今期货监管体系的核心。1974 年，联邦政府通过了一项新的法规《商品期货交易委员会法》，宣布成立"商品期货交易委员会"（CFTC），负责对整个期货市场的监管。到了 20 世纪 80 年代，金融期货开始出现并迅猛发展，不受交易所约束的场外交易大量涌现，原来的交易所 CFTC 管理模式已不适应期货市场发展的需要了。1981 年 9 月，CFTC 根据 1974 年《商品交易法》第 17 条，正式批准成立全国期货业协会

（NFA），负责整个期货市场的行业管理、协调。至此，美国期货市场的三级监管体系（期货交易委员会统一管理、全国期货业协会行业自律、期货交易所自我监管并以自我监管为主）已基本确定，并随时间的发展而日趋完善。总的来看，美国期货市场自律管理体系的形成经历了一个漫长的发展过程，从早期的自发自律，到出现问题政府加强监管，再到政府监管与法定自律相互配合，是市场与政府、监管者与被监管者进行博弈的结果。

中国期货市场成立至今不过十几年时间，但同样也经过了无序发展、政府监管、政府监管与自律管理相互配合的阶段。目前，从组织体系上形成了以中国证监会为代表的政府监管和以中国期货业协会、交易所为代表的自律管理“两级三方”管理架构，这一架构在一定程度上借鉴了美国期货市场的三级监管体系。这种分层化监管，有助于环环相扣，层层控制，互相制衡，分散风险，有利于在不同层次上借助于市场手段、法律手段、行政手段对市场进行综合监管。

1. 自律组织授权与监管。中国期货市场成立伊始并无专门的法律规管，仅在地方利益的推动下出台了一些地方性法规，加之当时期货市场监管组织体系尚未完善，一哄而起、盲目发展造成了多起重大违规事件，直接导致了期货市场多年的治理整顿。1999 年 6 月颁布的《期货交易管理暂行条例》（以下简称《条例》）和四个管理办法标志着中国期货市场进入了法制化管理时期，2000 年底，中国期货业协会的成立结束了期货行业自律组织长期缺位的局面。但是我国目前主要以行政监管为主，政府管得过严、过细，自律管理发挥的空间有限；在立法当中，由于我国目前《期货交易法》尚未出台，期货业协会地位不像在美国那样有国家法律的明确规定。《条例》也未对期货业协会作出规定。导致协会的权威性不够，自律功能难以发挥；期货交易所更多的是作为政府监管部门的延伸，行政色彩浓厚，独立性不足。

2. 自律体系内部关系。在中国的期货市场自律体系中，中国期货业协会成立时间最晚。根据《条例》，期货交易所由中国证监会直接领导，交易所的理事长、副理事长由中国证监会提名，总经理、副总经理由中国证监会直接任命。这种行政色彩使得中国的期货交易所很难自发主动地协调、参与和支持协会的工作。在期货市场快速发展时期，各地纷纷设立地方期货业协会，而地方期货业协会与中国期货业协会的业务关系不明确，彼此间的工作缺乏必要的联系与沟通，导致行业自律性管理的分散、无序，既难以形成合力，又造成相互矛盾与冲突。

3. 自律管理职能。在我国，除了仲裁职能根据我国法律规定不能由自律组织承担外，中国期货业协会目前主要承担了行业推广、教育培训和一般从业人员资格管理职能，期货经纪公司高级管理人员任职资格管理仍由中国证监会负责；合规监察和违规处理主要由中国证监会及其派出机构执行，期货交易所负责本所会员的监察和惩处。在交易品种设计与推出方面，美国的期货交易所全权负责品种设计、上市和推广工作，而中国期货交易所负责设计期货合约、安排期货合约上市，交易品种推出仍需国务院审批。

而美国期货市场的自律管理有以下特点：得到法律或政府的明确授权；经政府批准并接受政府的监督管理；内部分工合理、权责明晰；自律管理得到了政府和被监管方的肯定，成为期货市场风险管理体系的基础和重要手段。与美国相比，中国期货市场自律管理组织架构已经建立，并逐渐承担了一定的自律管理职能，但是，仍然存在自律主体法律地位不明确，独立性差、依赖性强，管理手段缺乏、力度有限等问题，削弱了自律管理在期货风险防范和市场发展中应起的作用。

5.2.4 自律管理发展的推动因素

纵观美国期货市场自律管理的发展历程，有三个因素促进了期货业自律管理的发展，从外部来看，一是政府监管部门的大力支持；二是场外交易市场的发展；从自律组织本身来看，自律组织在履行自律监管职能时良好的表现也为其争取到了应有的地位。

政府监管部门的大力支持以NFA成立过程为例。1974年《商品交易法》第17条便规定了成立期货专业机构和从业人员自律协会的法律依据，但是直到1981年NFA方告正式成立。在此期间，美国司法部反垄断部门在没有与NFA进行任何接触的情况下，向媒体和CFTC发布了一份攻击NFA合法性的提议，尤其是强制性会员资格的备忘录，并力劝国会不要将期货协会的会员资格作为准入门槛，认为此举有悖于市场自由竞争原则。关键时刻，NFA得到了国会和CFTC的支持，并于1978年修改了《商品交易法》第17条，认可了强制性会员资格概念，取得了CFTC的授权。由此可见，如果没有政府监管部门的大力支持，自律组织是很难完成由自发自律到法定自律，确定自律监管权威的。

场外交易市场的发展扩大了期货业自律管理的领域。仍以NFA成立的时代背景为例，20世纪七八十年代，随着美国期货业的发展，特别是金融期货出现并迅猛发展，大量超出CFTC和交易所监督范围运作的期货行业专业机构和个人对期货市场的完整性构成了挑战，只有CFTC增加开支和增加人员才能迎接这一挑战时，成立一个全国性的、将不同利益主体和不同市场纳入统一管辖范围并具有广泛行业代表性的自律组织将是一个更好的选择。

自律组织监管功能的现实表现对市场监管模式的演变有巨大影响。在政府监管与自律监管的双重架构中，自律组织一次次丑闻导致一步步降低其职责，反过来说，一旦自律组织有良好的记录证明它能够有效和成功地履行现有的职责，行政监管机构和市场参与者将授予更多的职责给自律监管机构。例如，在NFA成立20多年的历史中，CFTC仅对其工作进行了两次检查，最近一次是在七年前，充分表明了CFTC对NFA工作的信任和认可。2000年美国《商品期货现代化法案》解除了个股期货交易禁令，CFTC授权NFA对从事个股期货交易的经纪商、自营商予以管理，进一步扩大了NFA的职权。

5.2.5 中国期货市场自律体系的完善

与美国期货市场经过100多年发展历史相比，我国期货市场成立只有十几年时间，存在着规模偏小、上市品种少、投资主体结构单一等问题，处于市场发展的初级阶段，自律组织地位较低。2004年1月，国务院提出了发展资本市场九条意见，明确提出要发挥期货交易所、行业协会的自律管理作用。为此，改革和完善中国期货行业自律体系，便成为当务之急。

1. 对于中国期货业协会来说，第一，要解决法律性质不明确的问题，建议在修订《期货交易管理暂行条例》时专门开设一章阐述中国期货业协会的地位、性质、职能和作用，从法律角度保证其履行自律监管职能的权威性。第二，协会要完善组织制度、加强内部职员培训，更好地完成现有自律监管职能，从而争取更多的授权。第三，在处理CFA与地方行业协会的关系时，应明确CFA的主导地位，是履行自律监管职能的唯一行业性组织，同时CFA也可以将部分服务功能授予地方行业协会承担，共同推进行业自律文化建设。

2. 对于期货交易所来说，要增强期货交易所的独立性，因为随着经济全球化的深入和网络科技的发展，3个期货交易所面临着来自国际市场和场外交易的威胁。目前我国期货交易所根本就不是一个独立的会员制法人，其章程修改、人事任免和品种上市都取决于政府。这种现象既不利于应对国际市场的快速变化，也不利于期货交易所自律功能的实现。因此，应该从现阶段中国证监会按照自身的意愿将自身部分权力授予交易所的授权自律方式，逐步过渡到由立法机构将交易所监管市场的某些自律职能以法律条文形式固定下来的法定自律方式。在品种上市方面，应该允许期货交易所有更大的自主权，在不违反国家宏观经济政策的前提下推出新的交易品种。

3. 中国期货业协会与期货交易所之间还应就自律监管建立一种协调的关系，以便于自律监管体系的顺畅。协会与3个期货交易所之间可以建立联席会议制度以加强监管信息的沟通和交流，建立协作机制，合作开展会员培训，共同开展期货市场的调研工作。在期货经纪公司内部风险控制、培育更多的市场中介机构等工作中进行合作，共同推进期货行业自律建设。在协会会费收取方面，期货交易所应该大力支持协会工作，按照协会章程收取特别会员会费。期货交易所应该认识到整个期货行业的发展离不开各方共同推动，一损俱损，一荣共荣，支持协会的工作也意味着能够拓展自律监管职能更大的空间。

4. 要协调好政府监管与自律监管的关系，合理划分二者权限。以政府监管为主导，有效的自律监管体系必须在政府监管的框架内定义，双方互为补充，建立良好的合作关系。以充分发挥两者的作用，实现协调统一监管。

5.3 应用VaR度量风险

在整个期货市场管理体系中，政府监管和自律管理作为两个互补的手段，都应该引入风险量化机制来控制风险。VaR 是风险估值模型（Value At Risk）的简称，是近年来国外兴起的一种金融风险管理工具，旨在估计给定金融产品或组合在未来资产价格波动下可能的或潜在的损失。用 Philippe Jorion 菲利普·乔瑞（1996）给出的权威定义，可将其表述为“给定置信区间的一个持有期内的最坏的预期损失”，即在一定的持有期和一定的置信度内，某金融工具和投资组合所面临的潜在的最大损失金额。目前，该方法已经得到国际金融界越来越多的重视和应用，部分国家已明文规定银行、上市公司、证券公司等机构必须定期公布自己的 VaR 值。VaR 的意义在于，它不仅可以用来作为金融机构评估和管理个别资产或资产组合市场风险的工具，而且可以用来作为金融监管部门监管金融机构和评估市场风险的手段。

在国外，机构已经懂得了运用 VaR 作为一种风险控制的工具。一旦拥有了全球性的风险管理系统，可以利用它更加严谨地，相对于以前而言，控制风险。譬如，对交易员的头寸限制可以辅助以 VaR 限制，这样就更加适当地考虑了各种金融工具的杠杆率和风险变化。在企业一级的范围里，VaR 允许机构来监控它的全球性的风险暴露，和考虑在不同商业单位上的分散性。企业能够辨识出“下注”是否太多以至于造成了无法承受的风险，或是说如果这已经是事实，则应该重新审视 VaR 的过程来辨识出从那里“砍掉”一些风险。这种第二阶段的应用与被动地报告风险而言代表了一种显著的改进。但是，它依然是以一种“防卫”的形态出现。

但直到近几年，VaR 才在国外发展成为一种主动的风险管理工具。掌握了 VaR 工具，机构就能够决定如何在回报和风险间进行权衡。经济资本金能够作为商业风险的一个函数来进行配置。交易员能够以他们的经风险调整的业绩来对他们进行评估。在那些最先进的机构中，VaR 系统目前已经用来辨识那些有竞争优势的领域，或者是它们能够增加经风险调整价值的部门。VaR 应用的这些历史演变见图 5－1 所示。

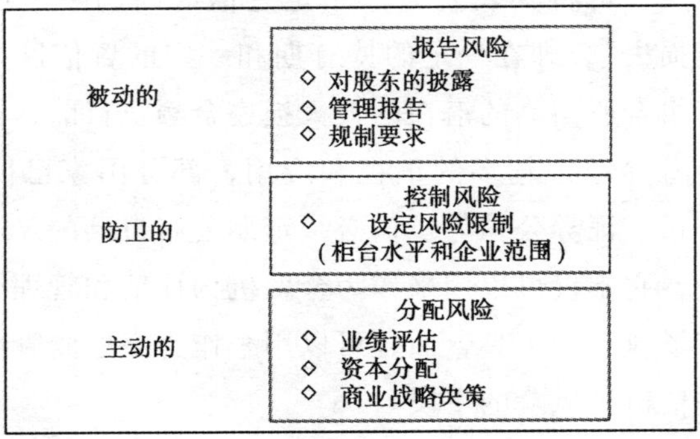

图 5－1 VaR 应用的演变

5.3.1 VaR 有助于信息披露

我国期货公司及监管机构要应用 VaR 进行信息披露。事实上，信息披露机制在国外改进得非常快。一个最近的关于美国银行和证券业监管人的报告显示，有 66 家金融机构在它们 1998 年的年报中，提供了关于 VaR 的数量信息。而在 1993 年，仅有 4 个企业这样做了。毫无疑问，这是对巴塞尔协定（1995）刺激的一种反映。在这一协定中，它陈述到，信息披露。

"……能够强化监管者的努力，在一个快速创新和复杂性不断增加的环境下，来培育金融市场的稳定性能超群。如果能够提供真正有意义的信息，投资者、存款人、债权人以及对手方就可以对金融机构施加强有力的纪律让它们以一种更加明智的形式和一种与他们的商业目标有一致性的方式来管理它们的交易和衍生品活动。"

这种观点以为，对关于市场风险量化信息的披露为建立市场纪律，或者说由股东、债权人和金融分析师来检查，提供了一种很有效的手段。如果企业无法揭露这一信息就可能受到市场谣言的质疑，就可能导致业务上的损失或是融资的困难。市场的游戏规则应该能够证实它要求人们"想从所投资的基金，或是所存入的银行得到高的回报，则就应该感觉到有更多的风险”。关于市场风险的披露也是关于信用风险的新巴塞尔指导书（1999）的三大支柱之一。

当然，透明度也会导致一个更加稳定的金融市场。事实上，LTCM 的故事就是一个非常好的说明，它向我们显示如果机构不向它以外的世界披露信息，那么它可以堆砌多么不可思议的杠杆率，而最终是在金融市场上造成了近乎灾难性的后果。

这样问题又归结为要评估，要求对市场风险进行披露得到的好处是否大于施加给企业的成本。最近由美国证交会（SEC，证监会，1988）作出的评估显示，它所提出的新的市场风险披露规制，提供给投资者和分析师们以一种最新的和有用的信息。比如，分析师们说披露会使投资者避免投资到那些被认为是风险太多的公司。银行也声称它们可以利用这种新的披露规制来评估它们在贷款领域的应用。在成本方面，公司要求能够找到一种规则“不要有太可怕的成本”，估计其范围应该在 $ 10000 到 $ 50000。

因而，不仅仅这种量化的披露规则会提供有关市场风险的有用信息，而且还进一步确保建立风险管理系统的可行性。

5.3.2 VaR 可作为风险控制工具

VaR 不仅有助于信息披露，还可作为一种风险控制的工具。VaR 限制可以用来控制交易员的风险，也可以作为对传统上名义额限制的一种补充。而且，这种限制也能在所有机构的水平上得到应用。

通常，仅仅是量化风险的行动就足以驱使风险的减小。例如，高盛，美国的一家投资银行，在 1994 年就是捕捉到美国利率的飙升，因此它已经发展成为华尔街上最先进的风险管理小组之一。有趣的是，它的 VaR 图形显示了在采取了一系列的风险管理措施之后，风险形态明显地降低。而该企业比以往赚到了更多的利润。

在具体的业务范畴或单位层面上，VaR 可以被用来设置交易员的头寸限制，以及来配置对资本金资源的限制。VaR 的最大好处是它创立了一种公共的度量单位来比较各种的风险活动。

传统上，头寸限制是以本金项、期货等价、或其他与可能招致的风险大小无关的单位来表示。例如，1 美元债券投资组合的管理员会被告知不要持有超过价值 1 亿美元的美国国债。当然，在大多数情况下，这些措施也包括一些风险限制，经常表示为某一特定到期日或久期等价（如＄1 亿限制是 2 年久期等价的，则管理者将不允许投资到＄1 亿的 3 年久期等价债券）。然而，以 VaR 的方式设置限制有显著的优点：VaR 标尺成为了不同市场上风险与头寸的函数，而产品能够通过同一措施进行比较。一个共同的测量单位免除了包含多个测量标准的限制手册，而这一手册对不同类别的资产都不相同。这样，限制对管理者成为有意义的了，以便他们有可能提出会损失多少的合理估计。

然而，VaR 限制并不是头寸大小的唯一决定因素。如果市场波动率突然地跳动，风险经理则可能会希望在强加的限制上有一些回旋的余地，或是相应的增加 VaR 的限制。否则，可以证明在困难的市场条件下变现头寸的成本是很高的。同样有用的是我们要有这样的意识，即各种不同的 VaR 模型可能会对短暂的高波动率反映不同。例如，险阵的模型对风险的改变有快速的，并且是永久的反映。相反，巴塞尔的模型则设计为在时间上反馈较慢。因而，对风险限制的执行受限于风险经理的受教育和理解的程度。

例如，瑞士银行公司（SBC）和 Goldman Sachs，对它们交易风险的限制有不同的方法。SBC 施加严格的限制，而 Goldman Sachs 则采用更加灵活的方法，并允许交易员就他们的 VaR 限制进行再谈判。而后一种方法似乎更加合理一些，这是从最优的风险—回报权衡的意义上说，只是交易员要对他们增加风险而受到惩罚。

5.3.3 对于我国期货市场的实证

据 Jorion 的定义，VaR 实际上是要估测“正常”情况下资产或资产组合的预期价值与在一定置信区间下的最低价值之差，即：

$$VaR = w_0[E(r) - r^*]$$

式中，w_0 为持有期初资产组合的价值，r 为收益率，$E(r)$ 为资产组合的预期收益率，r^* 为一定置信区间 c 下的最低收益率。

计算 VaR 最关键也是最困难的问题是确定资产报酬的分布形式，以找到特定分布的一定置信区间 c 下的最低的收益率 r^*。

1. 基于 Cornish - Fisher 扩展的 VaR 估计方法。由于收益率序列具有尖峰厚尾的特征，在正态分布假设下计算得到的 VaR 偏低，从而会低估实际的风险，Zangari（1996）首次在 VaR 的计算中引 Cornish - Fisher 扩展方法，Mina 和 Ulmer（1999）在比较了四种非正态分布情况下计算 VaR 的方法，认为 Cornish - Fisher 扩展方法只需计算收益率序列的均值方差、偏度、峰度，简化了 VaR 的计算，但稳健性较差；Pichler 和 Selitsch（1999）通过进一步研究指出 Cornish - Fisher 扩展方法在有负的偏度时具有良好效果。从统计学的角度来看 Cornish - Fishe 扩展方法的一个基本原理是任意分布都可被看做其他分布的函数，可以用其他分布的参数表示。Wiener 认为证券市场中投资组合价值本身便是一个随机变量，因此通过伊藤引理把计算 VaR 的累积分布函数 dV 扩展至 dt^2 阶，即考虑方差、偏度和峰度，提高了分布的拟合精度，根据 VaR 的定义，其具体模型为：

$$VaR = P(u - Z_{CF}\sigma)$$

其中：$u = E(r), Z_{CF} = Z_C + \frac{1}{6}(Z_C^2 - 1)S + \frac{1}{24}(Z_C^3 - 3Z_C)K - \frac{1}{36}(2Z_C^2 - 5Z_C)S^2$，$Z_{CF}$ 为组合回报 ΔP 的分布函数；Zc 表示概率为（1 $-a$）标准值（$a=0.05$ 时，$Zc = -1.96$）；σ 为方差。

$$S = \frac{E(r-u)^3}{\sigma^2}$$

$$K = \frac{E(r-u)^4}{\sigma^4} - 3$$

若 $S=K=0$，使得 Z_{CF} 等于 Zc，则 r 服从 $N=(u,\sigma^2)$。VaR 值恢复由波动率计算。

2. 收益率序列的统计特征。

（1）数据来源。考虑到我国期货市场在开办初期期货交易投机过度，期货价格信息严重失真，并且早期的现货价格数据无法获得，而近年来交易相对活跃的期货品种包括上海期货交易所的铜，郑州商品交易所的小麦，大连商品交易所的大豆，因此，本书研究这 3 家期货交易所的铜、小麦和大豆这 3 个期货品种，时间跨度为 1998 年 1 月 5 日至 2005 年 11 月 25 日。其收益率的计算采用公式：

$$r_t = \ln \frac{p_t}{p_{t-1}}$$

（2）基本统计量。首先对期货收益率序列进行正态性检验，计算收益率序列的基本统计量值，见表 5－1。

表 5－1　期货市场收益率序列基本统计特征

	均值	标准差	偏度	峰度	J－B 值	P 值	VaR 值
小麦	0.00072	0.0136	7.733	163.92	1969865	0.00	16.72
大豆	0.000162	0.0119	－1.176	24.54	32206.57	0.00	129.46
上铜	0.000391	0.0106	－0.197	5.01	335.2394	0.00	934.67

注：该 VaR 为 5% 置信水平对应的值一日预测值。

5.4 本章小结

中国期货市场经过了 10 多年的发展，但是由于中国期货市场的监管体系不够健全，中国期货市场一直未能充分发挥其套期保值和价格发现的功能。因此在未来我国期货市场管理体系中，如何使得政府监管和自律管理作为两个互补的手段，相互依存、良性互动，是我国期货业面临的一大难题。本章对这一问题进行了深入分析。另外，我国三级管理体系的各机构，都应该引入风险量化机制来控制风险。通常，仅仅是量化风险的行动就足以驱使风险的减小。本书对近年来国外兴起的一种金融风险管理工具 VaR（风险估值模型）进行了介绍。VaR 有助于信息披露，也是一种比较好的风险控制工具。

6 极值情形下商品期货市场的风险值估计

风险的存在是由于在投资期间，因为投资环境、政治法令、市场等因素的改变，造成在投资期间结束时，实际报酬不等于预期报酬的现象。风险不一定代表损失，而是报酬率的不确定性增加，导致亏损的幅度或概率增加。现代投资理论主要着重在衡量每一风险性资产所能带来的风险溢价，思考风险与报酬之间的抵换关系。风险管理的目的在于追求获利时只需承担合理的风险，如何降低风险所带来的影响并确认其来源都是在拟定风险管理目标时需加以考虑的。一般衡量投资风险主要是以报酬率的波动性，也就是以标准差来衡量资产报酬变动的程度。波动性越大，价格上升或下降的机会就越大。在大部分理论、实证研究中，均假设资产报酬分布为正态或对数正态分布，上述概率分布之假设并无法对金融资产报酬作很好的描述（Mandelbort，1963），原因在于以标准差无法反映资产价格未来不确定性状态，其衡量价格可能上涨下跌的幅度概率是相同的，对价格变动的方向也无法说明。国内外文献实证结果也发现金融资产报酬分布常具有尖峰厚尾之特性，因此可能造成投资策略错误以及资产配置无效率的发生。自从巴塞尔银行监督管理委员会在 1996 年允许各银行利用风险值（VaR）来测度其所面临的市场风险，风险值概念已为大众熟知。风险值给金融机构提供衡量市场风险之量化工具，其目的在于预测在未来时点，投资组合在市场发生最坏情况时，可能会造成最大损失金额，而此信息可为管理者控制、管理投资组合提供参考依据。处在不确定的环境下，投资者只能凭借好的风险管理技术才能降低未来风险带来的影响。因此，本书提出风险值模型，希望能在兼顾效率的同时，为面临投资组合选取的投资者和金融机构所面对的风险提供适度的管理和评估。

6.1 相关计量方法回顾

为了更精确衡量资产报酬的动态过程及因极端事件所带来的巨额损失，许多风险值模型的计算方法不断改变，以描述资产报酬的波动集群及厚尾现象，这些计算方法可分为两大类：参数方法和非参数方法。另外，为了准确捕捉厚尾现象，通常这些方法会与时间序列模型结合起来估计风险值。

6.1.1 估计风险值的参数方法

在这类方法中，假定资产回报分布为既有的分布形态，再对其参数做估计，主要有：方差—协方差方法、蒙特卡罗模拟法、极值理论法。运用此法，优点在于其较容易估计且所估计的风险值也较为准确。但缺点是如果概率分布无法近似实际损益分布，就无法反映实际的情形，所估计风险值将不再准确。分别对上述方法介绍如下：

1. 方差—协方差方法。以方差—协方差方法估计风险值通常假设资产回报为正态分布。该方法关键在于对资产回报的方差与各资产间的相关性（协方差）做估计。此类方法最具代表性的为 J. P. Morgan（1995）所积极推动的 RiskMetrics 模型。该方法先假设其报酬为正态分布，估计其投资头寸的损益分布，然后根据此分布最大可承受的损失额度再加上其损益分布的假设，求出估计期间的风险值。其估计式如下：

$$VaR = Z_{\alpha} \times \sigma_{(P/L)} \times W_0 \tag{6.1}$$

其中，Z_{α} 为最大可承受损失概率的分位数，$\sigma_{(P/L)}$ 为投资组合方差的估计值，W_0为投资组合期初的投资金额。

在使用方差—协方差方法时必须对资产回报分布作出假设并估计回报的波动性。在回报分布的假设中，大都假设个别资产回报呈现正态分布并且彼此相互独立。而在波动性的估计上常采用等权移动平均法（Equally Weighted Moving Average）与指数加权移动平均法（Exponentially Weighted Moving Average）。介绍如下：

（1）等权移动平均法。这一方法主要依据过去的历史资料并对每一笔过去的历史资料给予相同的权重来估计下一期间的波动率。该方法优点在于简单易用，但缺点是对所有的历史资料给予同样权重，不符合市场现实。一般而言，近期的市场波动对未来的影响较远期的波动对未来的影响较大，应给予更大的权重。

（2）指数加权移动平均法。此方法在估计波动率时，将较近期的资料给予较大的权重，因此，近期的信息将会比远期的信息对于未来的市场回报有较大的影响，同一信息对未来越远期信息的影响力将会以指数形式衰减直到最后消失。该方法考虑了时间序列相关的问题，对于观测值因为时间的远近而赋予不同的权重。指数加权移动平均法所估计的波动率受衰减因子（decay factor）影响，其决定了观测资料所对应的相对权重。在实务上，J. P. Morgan（1995）在超过 480 种金融商品的时间序列资料库中，使用的是单一的最适衰减因子。即根据实证之后，将估计的日回报波动率设定为0.94，而将估计的月回报波动率设定为0.97。

2. 蒙特卡罗模拟法。蒙特卡罗模拟法在很早以前就被广泛使用，此方法如果先给定参数值及其随机过程，可视为一参数估计方法。蒙特卡罗模拟法是一种基于大数法则的实证方法。当实验次数越多，它的平均值就会越接近理论值。该方法就是在未来的特定期间，对可能发生的不同情景与其相对应的资产价格，用一个随机过程重复模拟，以建立投资组合于未来特定期间的损益分布，并进而估计投资组合的风险值。利用蒙特卡罗模拟法来模拟未来资产价格主要在于确定资产价格的随机过程，其中最常见的随机过程为几何布朗运动（Geometric Brownian Motion）。以连续时间模式表示如下：

$$dS_t = u_t S dt + \sigma_t S dz, dz = \varepsilon \sqrt{dt} \tag{6.2}$$

其中 dz 为具有正态分布的随机变量，即 $dz \sim i.i.d.N$（0，dt），dz 导致外来信息对价格变动的随机冲击。另外，参数 u_t 与 σ_t 为 dt 期间价格变动的瞬时漂移项（drift）与波动性（volatility），通常为了方便起见，在计算上将此二参数设定为固定常数，可以从历史资料求出。标的资产价格产生模型一般假定为对数正态分布，公式如下：

$$S_t = S_{t-1} \times e^{u\Delta t + \sigma\varepsilon\sqrt{\Delta t}} \tag{6.3}$$

其中，S_{t-1}、S_t 分别为前一期及本期的资产价格。不断重复该价格公式就可以产生一条资产价格路径及一系列相对应的资产价格。

3. 极值理论法。极值风险指的是一些不常见但在统计上却具有显著性的事件，因此我们主要对资产报酬尾部进行分析，观察这些极端事件对资产回报分布所带来的影响。极值理论所要研究的概念可简述如下：将一个资产的历史回报分成 n 个固定期间，对每一期间的极大、极小值进行分析，并且对于每一个期间的极大、极小值视为一个独立的随机变量。根据极值理论，这些随机变量所呈现的分布可分为以下 3 种：Gumbel 分布、Frechet 分布及 Weibull 分布。当极值出现的概率以指数形式衰减时，可归类为 Gumbel 分布；当以乘数形式衰减（衰减速度较慢）且资产回报有上下界时，可归类为 Weibull 分布；资产回报没有上下界时，可将此归类为 Frechet 分布。这 3 种概率分布的累积分布函数（Cumulative Distribution Function）分别为：

$$\text{Gumbel 分布}: F_Y(y) = \exp(-\exp(z)) \text{ for } y \in R \tag{6.4}$$

$$\text{Frechet 分布}: F_Y(y) = \begin{cases} 0 & if \quad x > 0 \\ \exp(-(-z)^{1/\xi}) & otherwise \end{cases} \tag{6.5}$$

$$\text{Weibull 分布}: F_Y(y) = \begin{cases} 1 & if \quad z \geqslant 0 \\ \exp(-(-z)^{1/\xi}) & otherwise \end{cases} \tag{6.6}$$

Jenkinson 于 1955 年提出一般化极值理论（Generalized Extreme Value Distribution）。从文献上可以了解到所有具有厚尾现象的分布最后都将会收敛到一般化极值分布。一般化极值分布如下：

$$F_z(z) = \exp(-(1+\xi z))^{-1/\xi} \quad \xi \neq 0 \tag{6.7}$$

$$F_z(z) = \exp(-\exp(-z)) \quad \xi = 0 \tag{6.8}$$

其中，$z = \dfrac{x-\beta}{\alpha}$，令 $s = 1/\xi$ 为尾部指数（tail index），β 为定位参数（location parameter），决定该分布的中心位置，在图形上表示平均数的概念；α 为规模参数（scale parameter），决定该分布的离散程度；s 为形状参数（shape parameter），决定该分布的尾部形态，正号表示尾部呈现 Frechet 分布，负号表示尾部呈现 Weibull 分布，为零表示尾部呈现 Gumbel 分布。若 s 绝对值越高，则出现极端值的概率越大，其分布的尾部就会越厚。

现在利用极值理论估计风险值的方法，对极值分布中的三个参数运用参数估计法和非参数估计法求出估计值，从而得到对应的极值分布形态。

方法一：参数估计法。有两种参数估计方法，一种为最大似然估计法（maximum likelihood method）；另一种为回归估计法（regression method）。分别介绍如下：

（1）最大似然估计法。由最大似然估计法估计出的参数估计值具有渐进性（asymptotic）、最小方差无偏性，可以运用最大化问题（maximization problem）的一阶条件来克服非线性函数的问题。当 $\xi > -\frac{1}{2}$ 时最大似然估计法提供了有效的值得信赖的参数估计方法，该方法对于一般或复杂模型均具有一般性（Smith，1985）。本章将以此方法进行极值分布参数估计。

（2）回归估计法。回归估计法在 Gumbel（1958）中提到根据极值的顺序统计量 Y 来估计。将观察值中的最大极值设定为 $(Y_{n,i})_{i=1,N}$，并且将它们排序，令为 $(Y'_{i,n})_{i=1,N}$，使得 $Y'_{n,1} \leqslant Y'_{n,2} \leqslant \cdots \leqslant Y'_{n,N}$。对于每一个 i 值，概率 $F_{Y,n}(Y'_{n,i})$ 是一个落在 0 与 1 之间的随机变量，并令其为 y_t。变量所形成的分布独立于 Y_n。第 i 次的平均值 $E[F_{Y,n}(Y'_{n,i})]$ 为 $i/(N+1)$[7]。此部分可由以下函数取二次对数得到：

$$-\ln\left[-\ln\left(\frac{i}{N+1}\right)\right] = \frac{1}{\tau}\ln\alpha_n - \frac{1}{\tau}\ln\left[-\tau\left(Y'_{n,i} - \beta_n - \frac{\alpha_n}{\tau}\right)\right] + \Phi_{n,i} \tag{6.9}$$

对于 Gumbel 分布情形对应上述函数形式如下：

$$-\ln\left[-\ln\left(\frac{i}{N+1}\right)\right] = \frac{Y'_{n,t} - \beta_n}{\alpha_n} + \Phi_{n,i} \tag{6.10}$$

这些结果在图形上的凸度与分布有关：对于 Gumbel 分布，图形是一条直线；而 Frechet 分布是一条向上凹的图形；Weibull 分布则是一条向上凸的图形。

方法二：非参数估计方法。由于不需要预先假设极值呈现何种分布，故 Danielsson 和 de Vries（1997）认为该方法比最大似然估计法更有效率。Pickands（1975）和 Hill（1975）各提出一种估计尾部指数的方法。样本的顺序统计量如下：

$$r_{(1)} \leqslant r_{(2)} \leqslant \cdots \leqslant r_{(T)} \tag{6.11}$$

令 q 为正整数。两个估计量分别定义如下：

$$\xi_p(q) = \frac{1}{\ln(2)}\ln\left(\frac{-r_{(q)} + r_{(2q)}}{-r_{(2q)} + r_{(4q)}}\right)$$

$$\xi_h(q) = \frac{1}{q}\sum_{i=1}^{q}\left[\ln(-r_{(i)}) - \ln(-r_{(q+1)})\right] \tag{6.12}$$

其中，估计量依赖 q 的选择，两种估计量 q 的选择不同。已有一些学者做过相关研究，但对如何做出最优选择并未达成一致意见。Dekkers and De Hann（1989）证实若 q 以稳定速度增加，$\xi_p(q)$将与样本容量一致。此外，$\sqrt{q}[k_p(q)-k]$是渐进正态统计量，其均值为零，方差为 $k^2(2^{-2k+1}+1)/[2(2^{-k}-1)\ln(2)]^2$。而 Hill 估计量只能用于 Frechet 分布，但它比 Pickands 估计量更有效。Goldie and Smith（1987）证明$\sqrt{q}[k_h(q)-k]$也是渐进正态统计量，其均值为零，方差为 k^2。在实践中我们可以画出 $k_h(q)$ 来找到一个使估计似乎平稳的合理的 q 值。所估计的尾部指数能用来计算回报序列的极值分位数（Zivot and Wang，2003）。

6.1.2 估计风险值的非参数方法

1. 历史模拟法。历史模拟法并不使用任何参数模拟未来价格变化，其理论主要是假设过去的价格走势会在未来的评估期间完全的历史重现。因此，此方法是利用过去实际资产价格的资料来估计未来价格可能的变动情形。该方法是通过股价过去的波动度来估计未来股价的波动度。

历史模拟法所估计的波动率步骤如下：

步骤一：找出过去一段时间每天的股票收盘价：S_1，S_2，……，S_n；

步骤二：求出股价变动比率或绝对变动量：

股价变动比率：$R_i = \frac{S_{i+1} - S_i}{S_i}$；

股价绝对变动量：$\Delta S_i = S_{i+1} - S_i$；

步骤三：将股价变动比率或绝对变动量从小到大排；

步骤四：找出风险值。

以上采用股价变动比率或绝对变动量两种方法来计算风险值。使用绝对变动量来估计风险值有如下缺点：若过去股价处于低位，而现今股价处于高档，则会低估未来股价变动；反之，则会高估未来股价。

2. 抽靴法。抽靴法属于历史模拟法的一种。该方法不需知道总体概率分布如何，可直接利用非参数估计随机抽样的方法，以一段时间为样本，不断从中重复抽样以建立一概率分布，用以估计风险值，利用此方法可解决数据不足的问题。该方法估计步骤如下：

步骤一：在第 t—250 天至于 t 天的样本中随机抽取 k 个样本资料，取得资产回报的历史资料；

步骤二：利用如下公式估计第 $t+k$ 天的预测值 S_{t+k}：

$S_{t+k} = S_t \times \exp(r_1 + r_2 + \cdots + r_k)$

步骤三：将此步骤重复 m 次，可得序列：$S_{t+k,1}$，$S_{t+k,2}$，…，$S_{t+k,m}$；

步骤四：将此序列排序后取最小的 $\alpha\%$，即为在 $(1-\alpha)\%$ 的置信水平下第 $t+k$ 天的风险值。

抽靴法虽然能通过增加历史资料规模来解决样本资料过少问题，但与历史模拟法的缺点类似，对于历史期间发生的极端事件或市场结构的改变无法反映在所估计的风险值上，故而会减少风险值估计的效率。

6.1.3　时间序列模型

1. 自回归模式（Autoregressive，AR）模式。自回归模式主要是指变量（R_t）会受当期残差项（ε_t）影响之外，还受变量的滞后项（R_{t-1}，R_{t-2}，R_{t-3}，……）所影响。以 AR（1）为例，其变量（R_t）除了受当期误差项（ε_t）影响之外，还受前一期的变量（R_{t-1}）所影响，且残差项（ε_t）符合白噪声（white noise），则 AR（1）模型可表示为：

$$R_t = \alpha \times R_{t-1} + \varepsilon_t \tag{6.13}$$

2. 移动平均（Moving Average，MA）模式。移动平均模式是指变量（R_t）会受本期与残差项的滞后项（ε_t，ε_{t-1}，……）所影响，可写为简单的白噪声的线性组合的延伸模型。以 MA（1）为例，指变量除了受当期残差项（ε_t）的影响之外，可能也受到前一期残差项的影响，模型如下：

$$R_t = \varepsilon_t + \alpha\varepsilon_{t-1} \tag{6.14}$$

3. ARMA 模式。若变量（R_t）同时受前期变量（R_{t-1}，R_{t-2}，R_{t-3}，……）与残差项的滞后项（ε_t，ε_{t-1}，……）所影响，则此模式称为 ARMA（p，q）。p、q 分别为变量和残差的滞后阶数。以 ARMA（1，1）为例，其模型如下：

$$R_t = \theta_1 R_{t-1} + \varepsilon_t - \alpha_1 \varepsilon_{t-1} \tag{6.15}$$

4. 自回归条件异方差（ARCH）模型。传统计量经济学模型往往假设方差不变，但对价格行为的大量经验研究发现，方差或协方差，作为投机价格不确定性的度量，往往随着时间变化而变化。很多金融时间变量的分布呈现宽尾特性，且方差的变化呈现波动集群性：即方差是变化着的，且有大幅波动后面一般紧接着大幅波动，小波动后面一般紧接着小幅波动。为了模拟波动的集群性，Engle 提出了 ARCH 模型，允许条件方差作为过去误差的平方的函数随时间变化。ARCH 的主要思想是，时刻 t 的 u 的方差 σ_t^2 依赖于时刻（$t-1$）的平方误差的大小，即依赖于 u_{t-1}^2。

需要对波动性进行建模和预测的原因如下：

（1）需要对持有资产的风险或期权价值进行分析。

（2）预测的置信区间可能是随时间变化的，因此，通过误差的方差的建模来得到更精确的预测区间。

（3）如果能合适地处理误差的异方差性，则能得到更有效的估计量。

以 ARCH（1）为例：

$$Y_t = \beta_1 + \beta_2 X_{2t} + \cdots + \beta_k X_{kt} + u_t \tag{6.16}$$

$$u_t \mid \Psi_{t-1} \sim N(0, \sigma_t^2) \tag{6.17}$$

$$\sigma_t^2 = \alpha_0 + \alpha_1 u_{t-1}^2 \tag{6.18}$$

此时，称 u_t 为 ARCH（1）过程。

5. GARCH 模型（Generalized Autoregressive Conditional Heteroscedasticity）。1987 年，Bollerslev 在 ARCH（q）模型的基础上提出了一个扩展模型：GARCH（p，q）模型：

$$Y = X\theta + u \tag{6.19}$$

$$u_t \mid \Psi_{t-1} \sim N(0, \sigma_t^2) \tag{6.20}$$

$$\sigma_t^2 = \alpha_0 + \sum_{i=1}^{p} \alpha_i u_{t-i}^2 + \sum_{j=1}^{q} \beta_j \sigma_{t-j}^2 \tag{6.21}$$

$$u_t = \varepsilon_t \sigma_t \tag{6.22}$$

其中 ε_t 为 iid，且 $E(\varepsilon_t) = 0$，$Var(\varepsilon_t) = 1$

模型中 $p>0$，$q \geqslant 0$，$\alpha_0>0$，$\alpha_i \geqslant 0$（$i=1, \cdots, p$），$\beta_j \geqslant 0$（$j=1, \cdots, q$）。

当 $q=0$ 时，GARCH（p，q）模型即为 ARCH（p）模型，因此 ARCH（p）模型是 GARCH（p，q）模型的特例，同样具有 ARCH（p）模型的特点，能模拟价格波动的集群性现象。两者的区别在于，GARCH 模型的条件方差不仅是滞后残差平方的线性函数，而且是滞后条件方差的线性函数。实质上，GARCH 过程是无限阶的 ARCH 过程。因此，利用 GARCH 模型，能在计算量不大时，更合适，更方便地描述高阶的 ARCH 过程，也符合计量经济学中建模所遵循的从一般到具体的原则，因而具有更大的适用性。

对于 GARCH（p，q）模型，某一时刻序列的过去 q 个临近值的波动越大，该时刻的波动越大，反之，则越小，这就是群集性。模型的系数之和 $\sum_{i=1}^{p}\alpha_i+\sum_{j=1}^{q}\beta_j$ 的值的大小，则反映了序列波动的持续性，即序列在过去时刻波动的大小特征在当前时刻被“继承”下来的多少，$\sum_{i=1}^{p}\alpha_i+\sum_{j=1}^{q}\beta_j$ 越接近于1，“继承”的就越多，整个序列波动的持续性就越大。

实践中，研究人员发现大多数金融数据的分布较正态分布而言，尾巴拖得更长，中间峰顶更尖，即具有厚尾巴特征。而 GARCH 模型有助于模拟这种现象。1986 年，Bollerslev 把 Engle1982 年做的关于 ARCH（1）模型的第四阶动差推广到 GARCH（1，1）情形，发现 GARCH（1，1）的峰度比按理论算出的正态分布的峰度系数大，从而表明 GARCH 过程比正态分布有更厚的尾巴。正是由于 GARCH 模型既能模拟价格波动的集群性特征，又能有助于解释厚尾巴现象，从而使得 GARCH 模型得到了广泛的应用。例如，研究股票市场时，可以用 GARCH 模型来模拟股票收益序列的波动集群性和厚尾巴现象，可以模拟周末效应；在研究利率的期限结构时，由于不同利率的不确定程度随时间变化，风险厌恶的投资者要求的补偿也随时间变化，因此，可以用 GARCH 模型来模拟随时间变化的风险溢价；研究外汇市场时，可以用 GARCH 模型来模拟短期汇率的变化等等。并且实践中还发现，当样本较大时，GARCH（1，1）就足以描述方差的动态特征，而且越是高频率的数据序列，ARCH 效应越显著。

6.2 时间序列风险值模型

近年来结合时间序列特性的风险值估计模型，如 McNeil and Frey（2000）、Berkowitz and O'Brien（2002）实证结果均显示出结合了时间序列模型的极端风险值模型对极端事件的捕获能力较佳，故本章将借鉴 McNeil and Frey（2000）所提出的二阶段估计风险值方法加以推广。步骤如下：第一，对资产回报分布不做任何假设，直接利用 ARMA（1，1）-GARCH（1，1）模型来匹配资产回报数据，利用拟最大似然估计法（pseudo-maximum-likelihood method，PML），估计均值、方差等参数及残差项；第二，若所得到的残差项符合白噪声，运用极值理论来估计未能被 ARMA（1，1）-GARCH（1，1）模型捕获的尾部资讯，可得出尾部分布，在给定置信水平下，利用此结论便能进一步求解风险值。本节将利用 t 分布、一般化极值理论及一般化帕累托分布计算风险值分位数。

6.2.1 t 分布风险值分位数计算

将经过 ARMA（1，1）-GARCH（1，1）模型匹配过的资产回报的残差项利用最大似然估计估计出 t 分布的自由度（degree of freedom），接着再利用估计出的自由度建立具有时间特性的损益分布。详细估计方法如下所述。

将资产回报样本数据经过 ARMA（1，1）-GARCH（1，1）的匹配后，得到序列的残差项，将此残差项代入 Student t 分布的概率密度函数（probability distribution function，PDF）中：

$$f(x_i) = \frac{\Gamma(\frac{v+1}{2})}{\Gamma(\frac{v}{2})} \times \frac{1}{\sqrt{v\pi}} \times \frac{1}{(1+\frac{x_i^2}{v})^{\frac{v+1}{2}}} \tag{6.23}$$

由上式可得到序列的概率值 $f(x_1), f(x_2), \cdots, f(x_n)$，在假设发生此状况的概率为最大条件下，则发生该事件的概率将是各概率的值的乘积，所得即为一似然函数（likelihood function），令其为 L，可得下式：

$$L = \prod_{i=1}^{n}\left[\frac{\Gamma(\frac{v+1}{2})}{\Gamma(\frac{v}{2})} \times \frac{1}{\sqrt{v\pi}} \times \frac{1}{(1+\frac{x_i^2}{v})^{\frac{v+1}{2}}}\right]$$

$$= \left[\frac{\Gamma(\frac{v+1}{2})}{\Gamma(\frac{v}{2})} \times \frac{1}{\sqrt{v\pi}}\right]^n \times \prod_{i=1}^{n}\left[\frac{1}{(1+\frac{x_i^2}{v})^{\frac{v+1}{2}}}\right] \tag{6.24}$$

将似然函数对其中的参数 v 求偏导并令其为零，即可求解出参数。公式如下：

$$\frac{\partial \ln L}{\partial v} = \frac{n}{2}\left[\frac{\Gamma'(\frac{v+1}{2})}{\Gamma(\frac{v+1}{2})} - \frac{\Gamma'(\frac{v}{2})}{\Gamma(\frac{v}{2})} - \frac{1}{v}\right] - \sum_{i=1}^{n}\left(\frac{x_i^2}{v^2+vx_i^2}\right) = 0 \tag{6.25}$$

将估计出的自由度代入 t 分布的累积分布函数，即：

$$p = F(VaR) = \int_{-\infty}^{VaR} \frac{\Gamma(\frac{v+1}{2})}{\Gamma(\frac{v}{2})} \times \frac{1}{\sqrt{v\pi}} \times \frac{1}{(1+\frac{t^2}{v})^{\frac{v+1}{2}}} dt \tag{6.26}$$

将上式移项化简可得到风险值如下：

$$VaR = \left\{ v \left[\left(F_v^{-1}(p) \times \frac{\Gamma(\frac{v}{2})}{\Gamma(\frac{v+1}{2})} \times \sqrt{v\pi} \right)^{\frac{2}{v+1}} - 1 \right] \right\}^{\frac{1}{2}} \tag{6.27}$$

6.2.2　广义极值分布风险值分位数计算

利用一般化极值理论估计风险值的过程与 t 分布类似。将容量为 T 的样本分成 g 个非重叠的子样本，每个子样本观测值为 n，令 $r_{n,i}$为第 i 个子样本的最小值。假定子样本最小值序列$\{r_{n,i}\}$服从广义极值分布，则 $r_{n,i}$的概率密度函数为：

$$f(r_{n,i}) = \begin{cases} \dfrac{1}{\alpha_n}\left(1 + \dfrac{\xi_n(r_{n,i} - \beta_n)}{\alpha_n}\right)^{1/\xi - 1} \exp\left[-\left(1 + \dfrac{\xi_n(r_{n,i} - \beta_n)}{\alpha_n}\right)^{1/\xi_n}\right] & if \quad \xi_n \neq 0 \\ \dfrac{1}{\alpha_n}\exp\left[\dfrac{r_{n,i} - \beta_n}{\alpha_n} - \exp\left(\dfrac{r_{n,i} - \beta_n}{\alpha_n}\right)\right] & if \quad \xi_n = 0 \end{cases} \tag{6.28}$$

其中，ξ_n，β_n，α_n 分别为形状参数、位置参数和标度参数。

在独立假定下，子区间最小值的似然函数为：

$$l(r_{n,1}, r_{n,2}, \cdots r_{n,g} \mid \xi_n, \alpha_n, \beta_n) = \prod_{i=1}^{g} f(r_{n,i}) \tag{6.29}$$

非线性估计程序将得到 ξ_n，β_n，α_n 的最大似然估计量。这些估计量在通常假定下具备无偏、渐进正态和最小方差的性质（Embrechts et al.，1997；Coles，2001）。

具体过程类似 t 分布，将似然函数取对数并令其对各个参数的一阶倒数为零，得到参数估计值。将参数估计值代入极值分布的 CDF，移项整理后就可以得到给定小概率情形下的多头持有者的 VaR 计算公式：

$$VaR = \begin{cases} \beta_n - \dfrac{\alpha_n}{\xi_n}\{1 - [-n\ln(1-p)]^{\xi_n}\} & if \quad \xi_n \neq 0 \\ \beta_n + \alpha_n \ln[-n\ln(1-p)] & if \quad \xi_n = 0 \end{cases} \tag{6.30}$$

6.2.3 广义帕累托分布风险值分位数计算

极值理论表明，对充分大的阈值 u，超过 u 的超额数的分布函数可以用广义帕累托分布近似，于是可以基于超额数的广义帕累托模型拟合分布的尾部（王春峰，2003）。即当 $x>u$ 时，有

$$F(x)=(1-F(u))G_{\xi,\beta}(x-u)+F(u) \tag{6.31}$$

因此，要构造 $F(x)$ 的尾部估计，需要：找到充分大的阈值 u；估计广义帕累托分布的参数 ξ 和 β；估计 $F(u)$。

1. 阈值 u 的选取。要正确估计参数 ξ 和 β 就需要选取适当的阈值 u。太高的阈值 u 会导致太少的超额数，从而参数估计的方差会太大；太小的阈值 u 则不能保证超限分布的收敛性，将会产生有偏的估计量。Danielsson and de Vries（1997）和 Dupuis（1998）给出了对阈值 u 的估计方法，一般有两种：根据 Hill 图或根据样本的超限期望图，本文采用后者来确定阈值 u。令：

$$X_{(1)}\leqslant X_{(2)}\leqslant\cdots X_{(n)} \tag{6.32}$$

样本的超限期望函数定义为：

$$e(u)=\frac{\sum_{i=k}^{n}(X_i-u)}{n-k-1},k=\min\{i\,|\,X_i>u\} \tag{6.33}$$

超限期望图为点（u，$e(u)$）构成的曲线，选取充分大的 u 作为阈值，使得当 x 大于或等于 u 时 $e(x)$ 为近似线性函数。另外，如果超限期望图当 x 对于或等于 u 时是向上倾斜的，说明数据来源于参数 ξ 为正的 GPD 分布；如果超限期望图当 x 对于或等于 u 时是向下倾斜的，说明数据来源于尾部较短的分布；如果超限期望图当 x 对于或等于 u 时是水平的，说明数据来源于指数分布。这一判断方法是根据广义帕累托分布在参数 $\xi<1$ 时，它的超限期望函数 $e(m)$ 是一个线性函数得到的：

$$e(m)=E(X-m\mid X>m)=\frac{\sigma+\xi m}{1+\xi},\sigma+\xi m>0 \tag{6.34}$$

当 u 确定以后，就可以根据如下的对数似然函数得到参数的估计值。

2. 广义帕累托分布参数 ξ 和 β 的估计。

广义帕累托模型的累积分布函数为：

$$G_{\xi,\beta}(y) = \begin{cases} (1+\xi y/\beta)^{-1/\xi} & if \quad \xi \neq 0 \\ \exp(-y/\beta) & if \quad \xi = 0 \end{cases} \tag{6.35}$$

估计 ξ 和 β 的方法很多，如最大似然估计法、矩估计法等等，这里同样介绍最常用的最大似然估计。广义帕累托分布的密度函数为：

$$f_u(y) = \frac{\xi}{\beta}\left(1+\xi\frac{y}{\beta}\right)^{-\frac{1}{\xi}-1} \tag{6.36}$$

其对数似然函数为：

$$l(\xi,\beta,y) = -n\ln\beta - \left(\frac{1}{\xi}+1\right)\sum_{i=1}^{n}\ln\left(1+\frac{\xi}{\beta}y_i\right) \tag{6.37}$$

由似然函数可以推导出似然方程，求解可以得到 ξ 和 β 的最大似然估计。

3. $F(u)$ 的估计。对于 $F(u)$ 的估计通常是采用历史模拟法，即用 $(n-N_u)/n$ 作为 $F(u)$ 的经验估计。

4. 尾部及分位数的估计。

将所有的估计量代入超额数分布函数式，得到 $F(x)$ 的尾部估计：

$$\hat{F}(x) = 1 - \frac{N_u}{n}\left(1+\hat{\xi}\frac{x-u}{\hat{\beta}}\right)^{-\frac{1}{\hat{\xi}}} \tag{6.38}$$

若给定概率 $q > F(u)$，则反解上式能计算得到 q 分位数的估计：

$$VaR_q = u + \frac{\hat{\beta}}{\hat{\xi}}\left[\frac{n}{N_u}(1-q)^{-\hat{\xi}} - 1\right] \tag{6.39}$$

6.3 风险值计算

无论是半参数模型还是完全参数模型，计算的都是概率较大的分位数，这对应于回报尾部的上尾部，但 VaR 值是在回报尾部的下尾部，因此，需要对样本数据做一个变换。用 S_t 表示某资产在第 t 天的价格，r_t 表示其对数回报，则：

$$r_t = \ln(S_t/S_{t-1}) \tag{6.40}$$

为了计算回报分布的下侧分位点，对样本数据取负号，即 $X_t = -r_t$。于是通过 X_t 计算得到的上侧分位数再取负号就是所求的 VaR 值，即：

$$VaR = -\hat{x}_p \tag{6.41}$$

1. 基于无条件极值分布的 VaR 估计。如果假定样本数据是独立同分布的，那么可以直接应用极值理论计算分布尾部的分位数从而估计 VaR，这种方法被称为基于无条件极值分布的 VaR 的估计方法，也称为基于统计极值理论的 VaR 估计方法。

2. 基于条件极值分布的 VaR 估计。在无条件极值分布的 VaR 估计方法中存在的一个主要缺点是，没有考虑当前的预期和波动性，即没有考虑回报的动态性。McNeil（1997）为此提出了基于条件极值分布的 VaR 估计方法。

设某金融资产的对数回报的日观测值(R_t，$t \in Z$)是一个严平稳过程。令 $X_t = -R_t$，假设 X 的动态性可以由如下模型刻画：

$$X_t = u_t + \sigma_t Z_t \tag{6.42}$$

其中，Z_t 是一个白噪声过程（即独立同分布的），其均值为零，方差为 1。

回报序列在时刻 t 的一步预测分位数用 x_q^t 表示，由 X_{t+1} 的条件分布知

$$F_{X_{t+1}|g_t(x)} = P\{x_{t+1} \leqslant x | g_t\} = P\{u_{t+1} + \sigma_{t+1}Z_{t+1} \leqslant x | g_t\}$$
$$= F_Z((x - u_{t+1})/\sigma_{t+1}) \tag{6.43}$$

所以：

$$x_q^t = u_{t+1} + \sigma_{t+1}Z_q \tag{6.44}$$

其中，Z_q 表示扰动项 Z_t 的上侧 q 分位数。

为了估计 x_q^t，需要选择一个特定的模型描叙回报的条件期望和条件波动性。这里选用简单但有效的 GARCH（1，1）模型拟合波动性，而对于条件期望选用一阶自回归模型。

用 GARCH 类模型估计 x_q^t 时，通常假定扰动项 Z_t 服从标准正态分布，这时扰动项的分位数很容易得到，即 $Z_q = \Phi^{-1}(q)$，其中 $\Phi(z)$是标准正态分布函数。由模型得到期望和波动性的一步预测后，就可以得到 x_q^t 的估计。但实证分析表明，当 $q > 0.95$ 时，扰动项的正态性假定往往会低估 x_q^t，实际上，扰动项的分布比正态分布具有更厚的尾部。因此，应用厚尾分布去描述扰动项，比如 t 分布。由于 z_t 是一个白噪声过程，即它是独立同分布的，所以可应用极值理论对它进行估计，于是考虑用无条件极值分布拟合 Z 的尾部。在应用极值理论时，不需要假定 Z 的分布形式。下面我们以广义帕累托分布为例来估计其分布的尾部。理论上扰动项 Z_t 无法直接观测到，所以在实际研究中用残差项估计它。

基于条件极值分布的 VaR 估计方法可以通过以下两步来实现：

第一步，用 ARCH－GARCH 模型拟合负对数回报，即 X_t，并且对于扰动项的分布形式不做任何假定。模型参数的估计用伪最大似然方法（psudo-maximum-likelihood method）得到，然后通过拟合的模型估计条件期望 u_{t+1} 和条件波动性 σ_{t+1}，并由 $Z_t = (x_t - \hat{u}_t)/\hat{\sigma}_t$ 计算模型的残差。

第二步，将残差看做是扰动项的一个样本实现，它是独立同分布的。用广义帕累托分布估计其分布的尾部，得到 Z_q 的估计（其中 $q>F(u)$），从而可以得到 x_q^t 的估计值。

6.4 风险值模型验证

自从1996年国际清算银行修正 Basel 协定，请各银行可以自行发展内部模型，允许其利用风险值来测度、估计其所面对之市场风险。当银行、金融机构使用自己的内部模型来估算应提资本金时，仍有下列量化要求，使得银行能对自身风险评估具体落实，并给相关的监管单位统一的评估标准。量化的要求包括风险值的计算准则、后验测试、均方差（mean square error，MSE）、失败检验法（likelihood ratio test，LR test）等。介绍如下：

1. 后验测试。当金融机构自行发展出一套评估内部风险值模型（internal VaR model）时，必须要对模型评估是否符合标准及金融机构自身需求。因此，当模型估计出来时要对模型做后验测试，以验证其实用性。

后验测试是风险值系统的良好回馈机制，其做法是计算过去一段时间历史资料的损益情形，并与模型计算当期的损益金额做比较。若实际金额大于模型计算金额，则记为一次穿透，直至比较过所有历史资料为止，计算其总穿透次数，并与标准比较，若高于标准，则模型必须改进。如在计算99%置信水平一天的风险值时，在一年250天左右交易日之中，只能有大约2.5次的穿透次数发生。后验测试借着比较过去一段时间内，投资组合的实际损失金额超过估算风险值的次数（穿透次数）是否接近置信水平，来验证风险值估计是否符合模型设定的置信水平。

2. 均方误。利用模型所估计出的风险值与实际回报做比较，如果均方差的数值越小，表示模型所估计之风险值与实际损益情形相距不远，表示此模型较适合，公式如下：

$$\frac{1}{T}\sum_{t=1}^{T}(Va\hat{R}_{t\mid t-1}-P/L_t)^2 \tag{6.45}$$

其中，$Va\hat{R}_{t\mid t-1}$表示模型所估计风险值，P/L_t 表示实际损益情形。

3. 失败检验法。VaR 模型准确性的最直接检验方法就是考察实际损失超过 VaR 的概率。把实际损失超过 VaR 的估计记为失败，把实际损失低于 VaR 的估计记为成功。如果假定 VaR 估计具有时间独立性，则失败观察的二项式结果代表了一系列独立的贝努里实验，失败的期望概率为 p^*（$=1-c$，c 为置信度）。例如，如果置信水平是 95%，则每次试验的失败概率应为 5%。因此，检验模型的准确性相当于检验失败概率等于特定概率的零假设。Kupiec 的检验方法就是基于这种思想，他给出了两种检验方法：失败频率检验法和第一次失败时间检验法，由于后者不适用于使用长期数据模型的评价，这里我们只介绍失败频率检验法。

假定计算 VaR 的置信度为 c，实际考察天数为 T，失败天数为 N，则失败频率为 p（N/T）。零假设为 $p=p^*$。这样对 VaR 模型准确性的评估就转化为检验失败频率 p 是否显著不同于 p^*。

由二项式过程可得到 N 次失败在 T 个样本中发生的频率为：

$$(1-p)^{T-N}p^N \tag{6.46}$$

Kupiec 提出了对零假设 $p=p^*$ 最适合的检验是似然比检验：

$$LR=-2\ln[(1-p^*)^{T-N}p^{*N}]+2\ln[(1-N/T)^{T-N}(N/T)^N] \tag{6.47}$$

在零假设的条件下，统计量 LR 服从自由度为 1 的 χ^2 分布。

Kupiec 给出了这种检验方法的置信域，见表 6－1 所示：

在表 6－1 中，对于一年的数据（$T=255$），95% 的置信度下，预期预测到的失败个数应为 $N=p\times T=5\%\times 255=13$。但是只要 N 在区间（6，21）内，则不能拒绝零假设。$N\geqslant 21$ 表明 VaR 模型低估了损失发生的概率：$N \leq 6$ 表明 VaR 模型过于保守。

表 6－1　VaR 模型的验证：非拒绝域（5%水平下的失败次数）

概率水平 p	失败次数 N 的非拒绝域		
	$T=255$ 天	$T=510$ 天	$T=1000$ 天
0.01	$N<7$	$1<N<11$	$4<N<17$
0.025	$2<N<12$	$6<N<21$	$15<N<36$
0.05	$6<N<21$	$16<N<36$	$37<N<65$
0.075	$11<N<28$	$27<N<51$	$59<N<92$
0.10	$16<N<36$	$38<N<65$	$81<N<120$

这种方法的有效性依赖于样本容量。如果 VaR 模型是正确的，则随着样本容量的增大，N/T 和 p^* 之差将减小；当 N/T 和 p^* 之差随着样本容量的增加而更加显著时，表明 VaR 模型可能存在缺陷。表 6－1 也说明了这一点，表 6－1 中以比率 N/T 表示的区间随样本的增加而缩小，如在概率水平为 5% 下，非拒绝区间从 $T=255$ 时的［0.024（6/225），0.082（21/225）］，减小为到 $T=1000$ 时的［0.037（37/1000），0.065（65/1000）］。因此，数据样本越多，越可能拒绝错误的模型。

这也是该方法的缺陷：当检验是在每日回报的基础上，小样本的统计量检验很难发现模型或机构低估潜在损失的情况。因此，这种检验方法需要对样本数据进行长期的比较。另外，对于较小的 p^* 值，由于其发生的概率很小，所以很难发现这种系统偏差。这也解释了为能观测到足够多的偏差以验证模型，一般更倾向于选择较高的 p^* 值的原因（例如，$p^*=5\%$，即 95% 的置信水平）。大量实证研究表明，这种检验方法区分不同假设的能力较差（Kupice，1995）。

6.5　实证结论

6.5.1　数据说明

本节研究近几年来郑州商品期货交易所和大连商品期货交易所的小麦和大豆这两个农产品期货品种。期货品种时间跨度为2000年1月1日至2006年12月31日。连续的期货价格序列的产生办法如下，选取最近期月份的期货合约作为代表。所有合约均选取收盘价。另外，在金融研究中主要关心收益而不是价格，而计算资产收益的方法通常是连续复合法。资产的连续复合收益或对数收益 r_t 被定义为总收益（$1+R_t$）的自然对数。

$$r_t \equiv \log(1+R_t) = \log\frac{P_t}{P_{t-1}} = p_t - p_{t-1}$$

其中，$p_t \equiv \log P_t$。

本节的对数价格收益采用移动视窗（moving window）原理，将资料经过ARMA（1，1）-GARCH（1，1）模型运行后，再将所得残差项纳入各极值模型中估计出参数再计算一日风险值。在计算中应用滚动（rolling）的方法，之后的每一次预测都再加入一个新数据，除去第一个数据，代入估计出的参数计算下一日资产的风险值，依此步骤对未来每一天的风险值进行预测，每一次均重新对模型的参数进行估计，然后再按照前面的步骤重复进行，最后通过滚动的方法我们得到未来一年的一日风险预测值。数据资料来源于世华财讯软件，样本期间从2000年至2005年，估计期间为2006年。由于小麦2006年数据为170个观察值，故可将数据设定为170个窗口，而其对应样本期间数据为1536；而大豆2006年数据为226个观察值，故将数据设定为226个窗口，其对应样本期间数据为1660。

6.5.2 实证结论

1. 原始数据的统计性质。将前两个窗口的大豆和小麦的日对数回报的统计特性列表如下。从表6－2中可以看出，大豆和小麦峰度系数均远大于3，偏度系数显然并不为零，因此并不符合正态分布假设。

表6－2　日对数回报样本统计量

	均　值	标准差	偏　度	峰　度
麦（window 1）	0.000231	0.014557	8.418723	165.063429
麦（window 2）	0.000224	0.014560	8.414999	164.950163
豆（window 1）	0.000228	0.012359	－1.204959	21.212297
豆（window 2）	0.000222	0.012360	－1.203469	21.205483

2. 残差的正态性质考察。接下来我们进行时间序列极端风险值估计模型。将六年的所有日对数回报数据（不是某一窗口数据）经过第一阶段ARMA（1，1）－GARCH（1，1）模型匹配之后，检测模型残差是否为正态分布。正态分布QQ－Plot是判断数据是否为正态分布的常用工具。若数据为正态分布，则数据对应的分布应呈直线，但从图6－1和图6－3可以看出图形上凹，表明数据比对应的正态分布尾部更厚。相应的直方图显示小麦和大豆期货的残差序列均具呈现有偏状态，与一般正态分布显著不同（见图6－2、图6－4）。

3. 残差参数估计。接下来我们希望将极值分布中的参数估计出来，以方便后面风险值的估计。下面的分析将在各日对数回报的

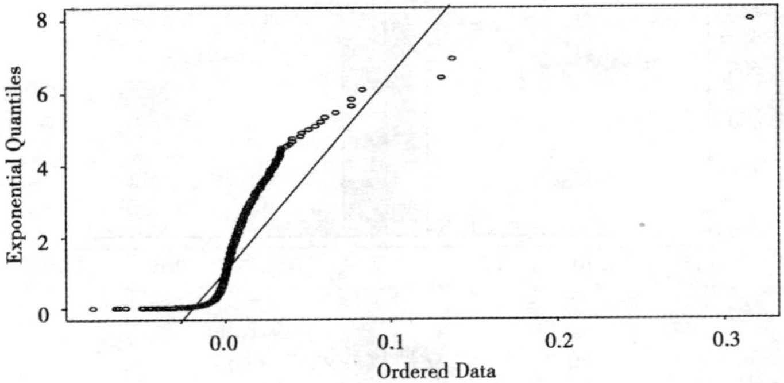

图 6-1 小麦期货残差 QQ 图

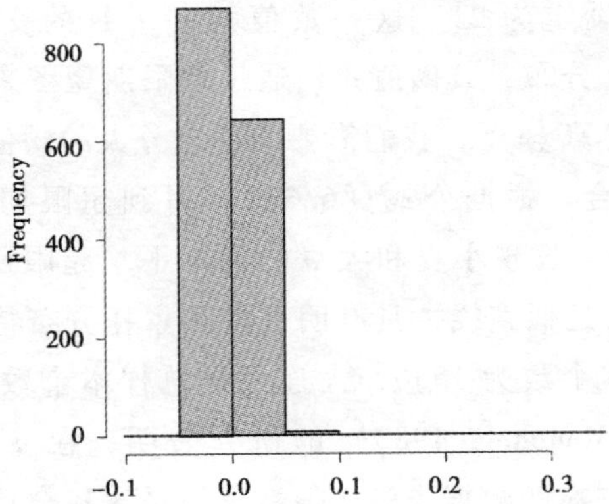

图 6-2 小麦期货残差直方图

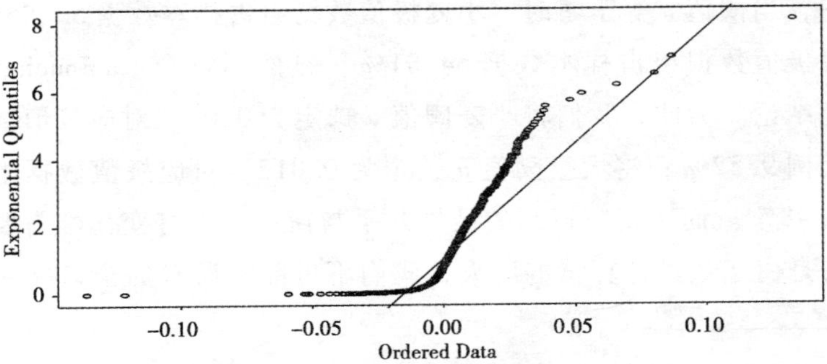

图 6-3 大豆期货残差 QQ 图

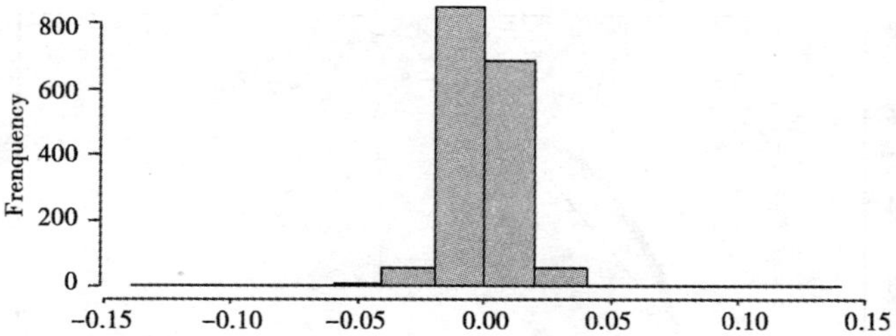

图 6-4 大豆期货残差直方图

窗口中滚动考察。在 GEV 分布的参数估计中，我们将每个窗口子区间的长度设定为 21，这一数值与一个月的交易日比较接近[①]。对于 GPD 分布，其阈值我们通过超限期望图来估计。基于极值理论中的 POT 模型，我们需要利用充分大的阈值 u 对超限分布进行 GPD 拟合。根据公式（6.33），得到超限期望图（见图 6-5和图 6-6）。发现小麦和大豆的样本平均超限函数图均在 u 大于或等于 0 时近似直线，具有明显的帕累托分布特征。我们的郑州小麦总样本个数为 1536，大连大豆总样本个数为 1660。据 DuMouchel（DuMouchel，1983）的研究表明，在 u 允许的情形下，选取 10% 左右的数据作为极值数据组是比较合适的选择，否则可能会出现样本内过度拟合，而样本外不适用的情形。考察窗口一，当阈值 u 等于零时，小麦极值数据组占样本数据 53.55%，大豆极值数据组占样本数据 54.01%，显然不符合 KuMouchel 的研究结论。为此，我们将小麦阈值 u 选定为 0.01，对应极值数据组比例 9.52%；将大豆阈值 u 选定为 0.012，对应极值数据组比例 9.48%。而考察窗口二的结果几乎与窗口一没有变化。需要说明的是由于数据计算量的庞大，我们不可能将所有的窗口一一进

① Ruey S. Tsay，2005. Analysis of Financial Time Series，*Second Edition*，John Wiley & Sons，Inc，307～308.

行估计，因此只选择前两个窗口数值来选择阈值 u，时变阈值 u 不在本章研究范畴之类。我们认为此阈值 u 可以代表所有的窗口，这也是后面我们应用 R 编程循环计算各窗口风险预测值的依据。

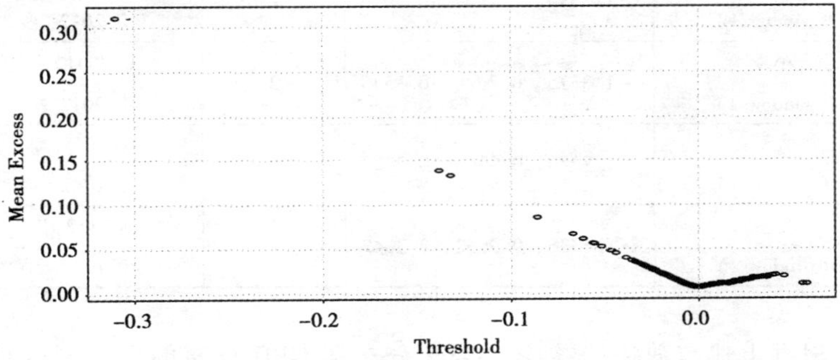

图 6－5　小麦残差序列窗口 1 负对数回报的 meplot

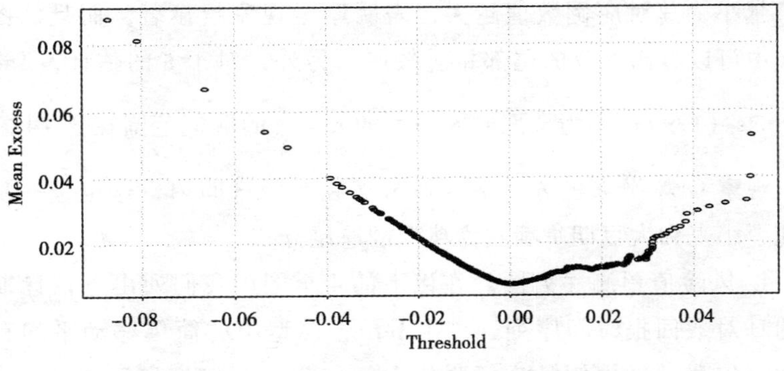

图 6－6　大豆残差序列窗口 1 负对数回报的 meplot

接下来便利用极端风险值模型将经过时间序列模型匹配后的残差尾部进行参数估计，以比较 GEV 分布、t 分布和 GPD 分布的风险值对于极端事件的捕捉能力。由于我们是计算回报分布的下侧分位点，故需对样本数据取负号，即 $X_t = -r_t$，因此在 GEV 分布、GPD 分布的参数估计中一方面要注意参数符号的调整；另一方面要注意由于样本数据是百分比形式，相应的位置参数和形状参数要对应调整（见表 6－3）。

表 6-3　　各残差序列左尾部概率分布估计值

	GEV 分布 (α, β, ξ)	T 分布 （自由度）	GPD 分布 (β, ξ)
小麦 (window 1)	-1.3594, 0.7954, 0.3076	2	0.7051, 0.2012
小麦 (window 2)	-1.3375, 0.7620, 0.3545	2	0.7051, 0.2012
大豆 (window 1)	-1.7289, 0.9660, 0.2733	4	0.9772, 0.1742
大豆 (window 2)	-1.6336, 0.9652, 0.3042	4	0.9772, 0.1742

根据上述参数估计结论，GEV 分布和 GPD 分布的参数尾部估计值均大于 0 分别表示为 Frechet 分布和 Pareto 分布，并且尾部参数值越小，其对应倒数值越大，表明厚尾现象越显著，而且从图 6-6中可以看出大豆的尾部相对较厚。另外，对于 ξ 的估计，Embrechets（1999）认为金融时间序列的 $\alpha=\dfrac{1}{\xi}$的取值范围在 3~4 之间，观察 GEV 分布的 ξ 的估计值显然在此闭区间内，这也进一步印证了小麦和大豆期货确实为典型的厚尾分布。

4. 风险值预测序列图。在以下的 4 个图中我们列出了估计期间的日对数回报时间序列，RiskMetrics 模型中的简单移动平均和指数加权移动平均的风险预测值时间序列，和极值情形下的 t 分布、GEV 分布、GPD 分布的风险预测值时间序列。从图 6-7、图6-8、图 6-9 和图 6-10 可以看到，近似的水平线是简单移动平均风险值序列，该线段极为平缓表明该模型对市场波动性的捕捉能力极差。这是因为估计的样本窗口较长（跨期五年）的原因。若估计的样本窗口较短（如仅仅 50 天），估计值将会随着收益率数据的波动而波动，说明估计结果更加依赖于近期的数据，从而可以准确捕捉收益率的波动性，从而更精确控制风险（花俊洲，吴冲锋）。因而在这里，我们就已经可以推断简单移动平均方法不是好的风险预测模型，下文不再讨论。而图 6－7、图 6－9、图6－10最上端的线段，及图 6－8 中间两条线段中的相对波动较为剧烈的线段，为各置信水平下大豆或小麦的指数加权移动平均风险值序列，由于使用参数 $\lambda=0.94$（Philip）进行估计的 VaR 值几乎全部依赖于近期的观测，所以 VaR 估计值随着收益数据的变化具有较高的波动性。

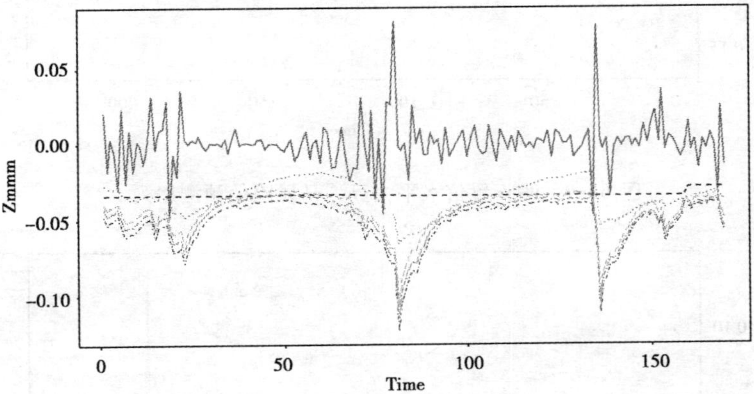

图 6－7　99% 置信水平小麦一日风险值预测序列

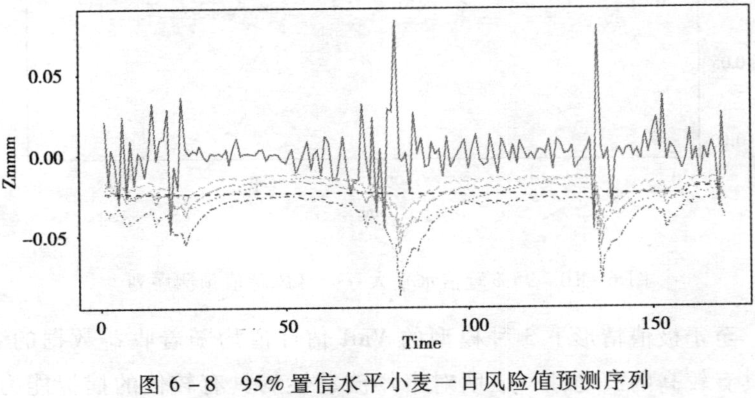

图 6－8　95% 置信水平小麦一日风险值预测序列

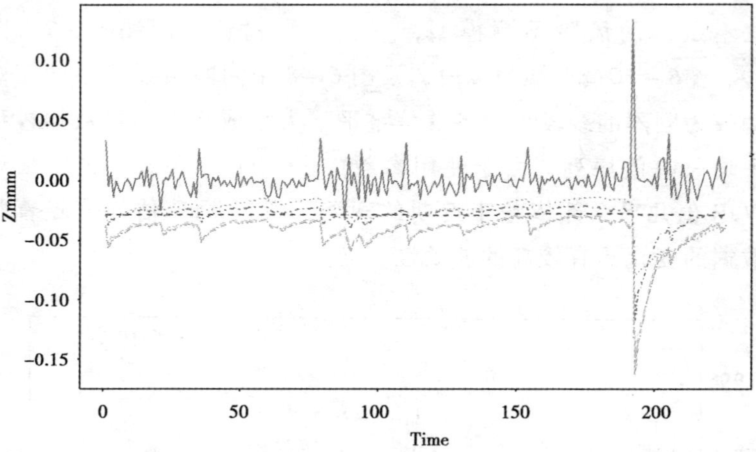

图 6-9　99%置信水平大豆一日风险值预测序列

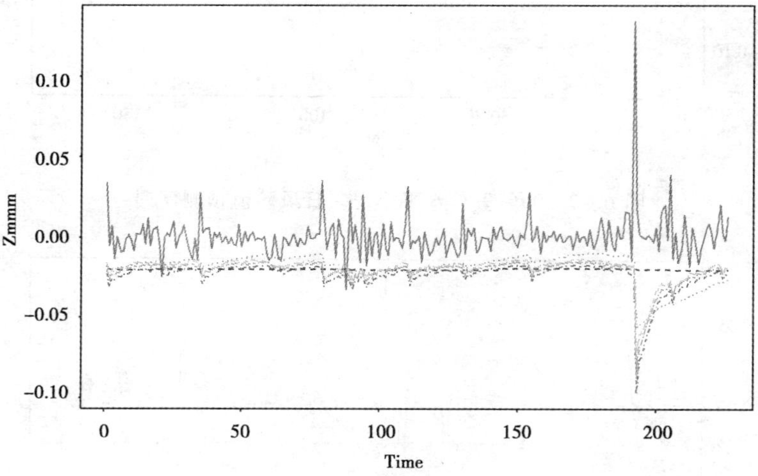

图 6-10　95%置信水平大豆一日风险值预测序列

至于极值情形下 3 种模型的 VaR 估计值均随着收益数据的变化具有较高的波动性，表明对市场波动性均具有较佳的捕捉能力。

但在兼顾效率和准确性的策略下，哪种模型拟合程度更好，似乎一方面受商品期货品种的影响；另一方面也受置信区间大小的作用。在小麦99%的置信水平下，从下而上依次为t分布情形、GPD分布、GEV分布情形和EWMA情形下模拟的风险值。可以观察到t分布情形资金闲置度最高，也就是说资金应用效率较低；其次为GPD分布情形；再次为GEV分布情形，而EWMA情形则似乎与估计期间的回报序列拟合的相当好。在小麦95%的置信水平下，情形稍有变化，最下端为t分布情形模拟的风险值，最上端为GEV分布情形模拟的风险值，中间两条线段中的相对波动较为剧烈的线为EWMA情形，余下的即GPD分布情形。因此，按资金闲置度高低排序依次为：t分布情形，GPD分布情形，EWMA情形，GEV分布情形。同理，在大豆99%的置信水平下，按资金闲置度高低排序（线段从下而上）依次为：GPD分布情形，GEV分布情形，t分布情形，EWMA情形。在大豆95%的置信水平下，按资金闲置度高低排序（线段从下而上）依次为：t分布情形，GPD分布情形，EWMA情形，GEV分布情形。因此总体而言，我们可以得出结论，从效率角度而言，t分布和GPD分布一日风险值预测模型，无论对于小麦还是大豆期货，无论在何种置信水平下，似乎均为较为保守的模型，相对而言会产生较多资金闲置，使得投资者无法有效运用这些资金，机会成本较高；相比较而言，EWMA和GEV分布一日风险值预测模型的资金应用效率则较为理想。

5. 模型的准确性验证。我们通常对风险值模型做后验测试，以验证其实用性。根据表6-4我们发现，对于小麦期货而言，t分布和GPD分布在170天的交易日中穿透次数发生均接近置信水平，说明风险值估计符合模型设定的置信水平。而对于大豆期货，则在226天的交易日中所有模型的风险值估计均符合模型设定的置信水平。根据均方误模型（MSE）我们可以看到无论小麦或大豆期货，EWMA模型和GEV模型的MSE数值均相对较小，因此似乎是比较准确的模型。表 6－5 给出了 Kupiec 的似然比检验结果，下方括号内为对应 p 值。在零假设条件下，似然比检验统计量服从自由度为 1 的卡方分布。若该值大于临界值 3.8415（概率为 95%、自由度为 1 的卡方分布分位数），我们拒绝原假设，反之则接受原假设。根据这一方法，对于小麦而言，似乎 GPD 分布模型最为理想；而对于大豆而言，EWMA 模型最为理想。由于这种方法的有效性依赖于样本容量，而我们这里的样本容量分别为 170 和 226，并不算大，因此根据该方法选择我们接受错误模型的概率较大。综上所述，笔者认为，似乎根据 MSE 方法来选择模型似乎更为精确，因此，我们认为 EWMA 模型和 GEV 模型是相对较为精确的模型，更进一步，在 99% 置信水平下，EWMA 模型更理想，在 95% 置信水平下，GEV 模型更理想。

表 6－4　　失败率、失败次数及 MSE 比较表

	SMA	EWMA	T 分布	GEV 分布	GPD 分布
小麦（99%）					
失败次数	5	7	1	2	1
失败率	0.0294	0.0412	0.0059	0.0118	0.0059
MSE	0.0014	0.0017	0.0033	0.0025	0.0029
小麦（95%）					
失败次数	9	9	1	15	7
失败率	0.0529	0.0529	0.0059	0.0882	0.0412
MSE	0.0009	0.00101	0.0018	0.0008	0.00102
大豆（99%）					
失败次数	1	2	2	0	0
失败率	0.0044	0.0088	0.0088	0	0
MSE	0.0010	0.0011	0.0012	0.0022	0.0024
大豆（95%）					
失败次数	2	8	2	2	2
失败率	0.0088	0.0360	0.0088	0.0088	0.0088
MSE	0.000604	0.000652	0.000875	0.000651	0.000729

表 6-5　　Kupiec 的似然比检验结果

	SMA	EWMA	T 分布	GEV 分布	GPD 分布
小麦	4.2532	9.3826	0.3417	0.0506	0.3417
(99%)	(**0.0392**)	(**0.0022**)	(0.5589)	(0.8220)	(0.5589)
小麦	0.0304	0.0304	11.0629	4.3047	0.2957
(95%)	(0.8616)	(0.8616)	(**0.0009**)	(**0.0380**)	(0.5866)
大豆	0.8964	0.0314	0.0314	4.5428	4.5428
(99%)	(0.3438)	(0.8593)	(0.8593)	(**0.0331**)	(**0.0331**)
大豆	12.0705	1.1247	12.0705	12.0705	12.0705
(95%)	(**0.0005**)	(0.2889)	(**0.0005**)	(**0.0005**)	(**0.0005**)

注：括号内黑体表示在 95% 置信水平下拒绝零假设。

另外，我们进一步通过对负日对数回报（这里是经过 ARMA（1，1）+GARCH（1，1）匹配后的残差序列）经过 GPD 分布和 GEV 分布各自拟合后的残差对比，来选择更合适的模型。同样以窗口一的数据为例，可以看到两种模型残差都呈现指数衰减态势，因而说明两种模型都是正确设定的模型。但是进一步来说，无论是小麦还是大豆期货，GEV 分布的对应指数分布 QQ 图拟合得更好（见图 6-11～图 6-18）。因此，与前面的结论一致，GEV 模型优于 GPD 模型。

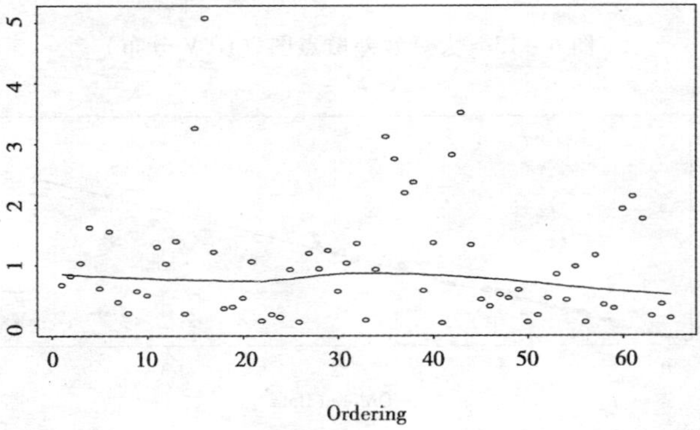

图 6-11　小麦残差散点图（GEV 分布）

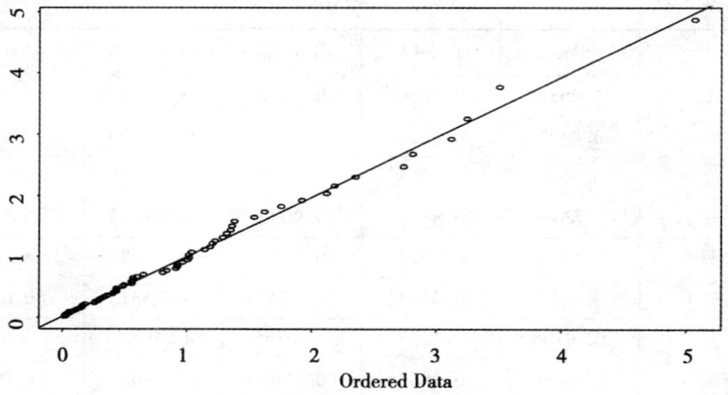

图 6－12 小麦残差 QQ 图（GEV 分布）

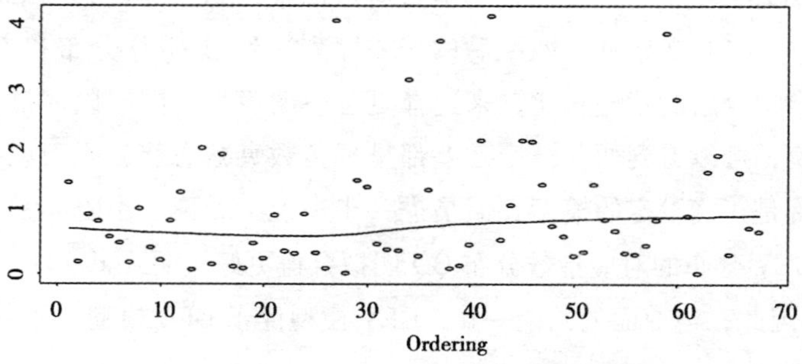

图 6－13 大豆残差散点图（GEV 分布）

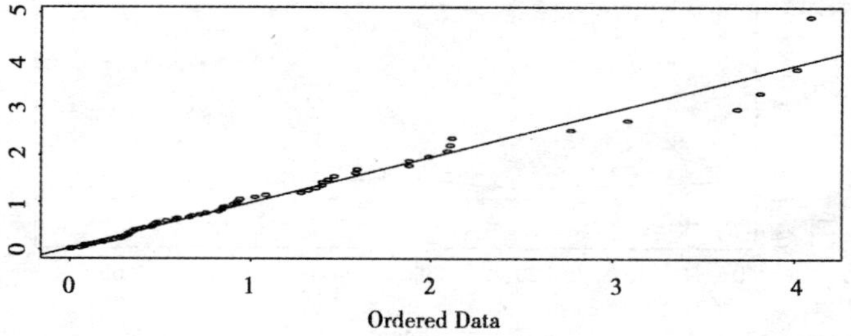

图 6－14 大豆残差 QQ 图（GEV 分布）

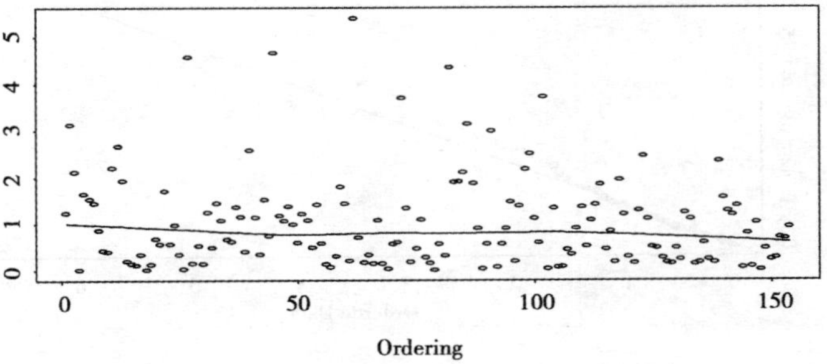

图 6－15　小麦残差散点图（GPD 分布）

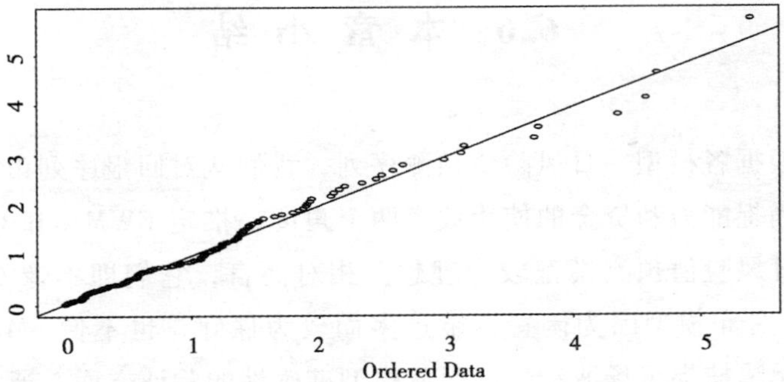

图 6－16　小麦残差 QQ 图（GPD 分布）

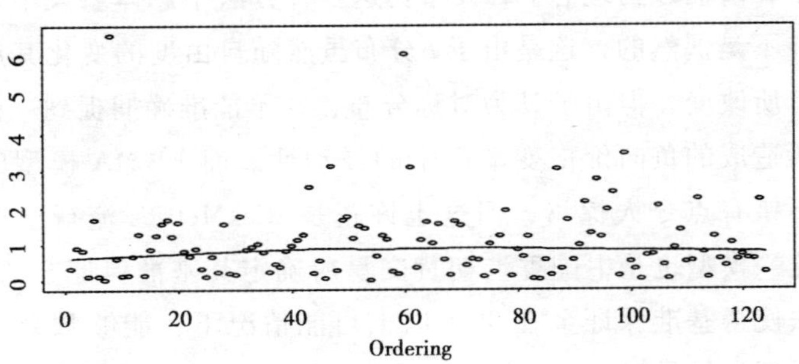

图 6－17　大豆残差散点图（GEV）（GPD 分布）

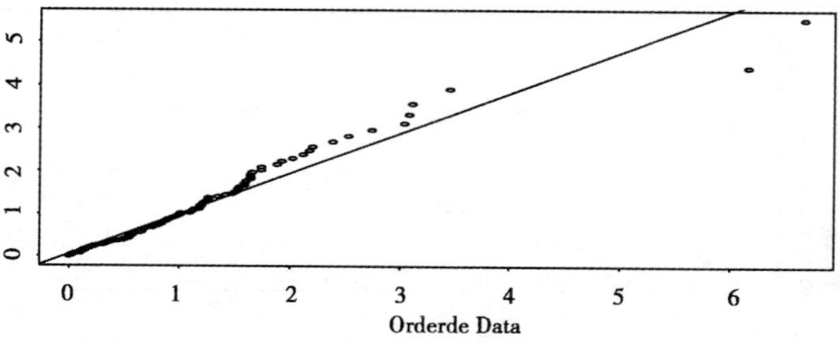

图 6-18 大豆残差 QQ 图（GEV）（GPD 分布）

6.6 本章小结

根据各模型一日风险值预测序列，我们从对回报序列市场波动性的捕捉能力和资金的使用效率两个角度，推定 EWMA 和 GEV 分布一日风险值预测模型较为理想。相对而言，它们即不像 GPD 分布和 t 分布模型因为闲置资金过多而较为保守，也不像 SMA 模型一样无法捕捉市场波动性。而从模型准确性的验证方面，通过三种方法的权衡我们同样认为由于 EWMA 模型和 GEV 模型的 MSE 相对较小，故而较为理想。T 分布在这三种方法中总体表现不是太好似乎并不是偶然的，这是由于 t 分布虽然随自由度的变化其尾部形态会有所改变，但由于其为对称分布，并不能准确捕捉到一些极端事件所造成的负向价格变动产生的波动性。而 EWMA 模型的表现相当不错有点令人惊讶，但这也许正是 RiskMetrics 流行至今的原因。这一模型也是中国香港期货交易所确定其基准保证金的方法。该方法使得基准保证金在 99% 以上可能情况下，能够弥补日价格波动所产生的亏损。

··· 附　录
相关程序列表

第 2 章　期货市场有效性理论与实证检验

2.1 方差比统计量

```
'标准 vr1 的计算
load c:\eviews 4\bean1.wf1
scalar n =2303
series r1 =p -p (-1)
scalar u =@sum (r1) /n
scalar va =@sumsq(r1 -u)/(n -1)
for ! q =2 to 36
series r! q =p -p (! q)
scalar m1 =! q *(n -! q +1) *(1 -! q/n)
scalar vc! q =@sumsq (r! q -! q *u) /m1
scalar vr! q =vc! q/va
scalar z! q =((@sqrt(n)) *(vr! q -1))/(@sqrt(2 *(2 *! q -1) *(! q -1)/(3 *! q)))
table (36, 1) tabz
tabz(! q,1) =z! q
next
'标准 vr2 的计算
load c:\eviews4\bean1.wf1
```

```
series ru = r1 - u
for ! k = 1 to 36
scalar m = n/(@sumsq(ru))/(@sumsq(ru))
! q = ! k + 1
series s! k! q = ru (! k)
series s! k! k = ru (-! k)
series s! k! k = s! k! k (! k)
series s! k = s! k! q * s! k! k
scalar o! k = m * (@sumsq (s! k))
table (36, 1) tabo
tabo(! k,1) = m * (@sumsq(s! k))
next
'计算公式 2.4.43 中 w! q! k 的计算
load c:\eviews4\bean1.wf1
for ! q = 2 to 36
table (35 , 35) tabw
            for ! k = 1 to ! q - 1
            tabw(! k,! q - 1) = 4 * (o! k) * (1 - ! k/! q) * (1
- ! k/! q)
      next
next

'公式 2.1.12table 的 tabw 粘贴转换为 series (group02)
load c:\eviews4\bean1.wf1
data sw1 sw2 sw3 sw4 sw5 sw6 sw7 sw8 sw9 sw10 sw11 sw12 sw13
sw14 sw15 sw16 sw17 sw18 sw19 sw20 sw21 sw22 sw23 sw24 sw25
sw26 sw27 sw28 sw29 sw30 sw31 sw32 sw33 sw34 sw35
```

```
'公式 2.1.12 计算完成
load c:\eviews4\bean1.wf1
for ! q =2 to 36
! k =! q -1
        scalar zh! q = @ sum (sw! k)
        table (36, 1) tabzh
        tabzh(! q,1) = zh! q
next
'公式 2.1.11 计算完成
load c:\eviews4\bean1.wf1
for ! q =2 to 36
scalar zz! q = (@ sqrt(n)) * (vr! q -1)/(@ sqrt(zh! q))
table (36, 1) tabzz
tabzz (! q, 1)  =zz! q
next
```

注：该程序以连豆为例，其他品种类似。

第 4 章　期货市场 CAPM 模型的实证

4.4 七个检验统计量

1）标量情形

```
'j1j2j3 的程序
scalar T =239
scalar N =1
scalar um = @ mean (z)
scalar u = @ mean (y)
series om1 = (z - um) ^2
scalar om2 = @ mean (om1)
```

```
series b1 = (y - u) * (z - um)
series b2 = (z - um) ^2
scalar b = (@sum(b1))/(@sum(b2))
scalar a = (u) - (b) * (um)
series sig1 = (y - a - b * z) ^2
scalar sig = @mean (sig1)
scalar j1 = ((T - N - 1)/N)/(1 + (um^2)/(om2)) * a * a/
(sig)
scalar pj1 = 1 - @cfdist (j1, N, T - N - 1)
scalar j2 = T * (log (1 + j1 * N/ (T - N - 1)))
scalar pj2 = 1 - @cchisq (j2, N)
scalar j3 = (T - N/2 - 2) * j2/T
scalar pj3 = 1 - @cchisq (j3, N)

'j6 的程序
scalar Aa = (1/om2) * (1 - b)/(sig) * (u - b * um) - um/
(om2) * (1 - b)/(sig) * (1 - b)
scalar Bb = (1 + (um^2)/om2) * (1 - b)/(sig) * (1 - b) - (1/
om2) * (u - b * um)/(sig) * (u - b * um)
scalar Cc = - (1 + (um^2)/om2) * (1 - b)/(sig) * (u - b *
um) - um/(om2) * (u - b * um)/(sig) * (u - b * um)
scalar rr = - Bb/ (2 * aa)
scalar arr = u - rr - b * (um - rr)
scalar j6 = (T - N - 1)/N/(1 + (um - rr)^2/(om2)) * (arr^2)/
sig
scalar pj6 = 1 - @cfdist(j6,N,T - N - 1)

'j7 的程序
```

```
scalar gmmcov
gmmcov = ?
scalar j7 = （a^2） / （gmmcov）
scalar pj7 = 1 - @ cchisq （j7， 1）
```

2）向量情形

```
'j1j2j3 的程序
scalar T = 239
scalar N = 3
scalar um = @ mean （z）
scalar u1 = @ mean （y1）
scalar u2 = @ mean （y2）
scalar u3 = @ mean （y3）
vector （3） u
u （1） =u1
u （2） =u2
u （3） =u3
series om1 = （z - um） ^2
scalar om2 = @ mean （om1）
series b11 = (y1 - u1) * (z - um)
series b12 = （z - um） ^2
scalar b1 = (@ sum(b11))/(@ sum(b12))
series b21 = (y2 - u2) * (z - um)
scalar b2 = (@ sum(b21))/(@ sum(b12))
series b31 = (y3 - u3) * (z - um)
scalar b3 = (@ sum(b31))/(@ sum(b12))
vector （3） b
b （1） =b1
```

```
b (2) =b2
b (3) =b3
scalar a1 = (u1) - (b1) * (um)
scalar a2 = (u2) - (b2) * (um)
scalar a3 = (u3) - (b3) * (um)
vector (3) a
a (1) =a1
a (2) =a2
a (3) =a3
series e11 = (y1 - a1 - b1 * z) ^2
series e22 = (y2 - a2 - b2 * z) ^2
series e33 = (y3 - a3 - b3 * z) ^2
series e12 = (y1 - a1 - b1 * z) * (y2 - a2 - b2 * z)
series e13 = (y1 - a1 - b1 * z) * (y3 - a3 - b3 * z)
series e21 = (y2 - a2 - b2 * z) * (y1 - a1 - b1 * z)
series e31 = (y3 - a3 - b3 * z) * (y1 - a1 - b1 * z)
series e23 = (y2 - a2 - b2 * z) * (y3 - a3 - b3 * z)
series e32 = (y3 - a3 - b3 * z) * (y2 - a2 - b2 * z)
scalar se11 = @mean (e11)
scalar se22 = @mean (e22)
scalar se33 = @mean (e33)
scalar se12 = @mean (e12)
scalar se21 = @mean (e21)
scalar se13 = @mean (e13)
scalar se31 = @mean (e31)
scalar se23 = @mean (e23)
scalar se32 = @mean (e32)
matrix (3, 3) sig
```

```
sig (1, 1) =se11
sig (2, 2) =se22
sig (3, 3) =se33
sig (1, 2) =se12
sig (2, 1) =se21
sig (1, 3) =se13
sig (3, 1) =se31
sig (2, 3) =se23
sig (3, 2) =se32
vector sj1 = ((T - N - 1)/N)/(1 + (um^2)/(om2)) * (@ transpose(a) * @ inverse(sig) * (a))
scalar j1 = sj1 (1)
scalar pj1 = 1 - @ cfdist (j1, N, T - N - 1)
scalar j2 = T * (log(1 + j1 * N/(T - N - 1)))
scalar pj2 = 1 - @ cchisq (j2, N)
scalar j3 = (T - N/2 - 2) * j2/T
scalar pj3 = 1 - @ cchisq (j3, N)
```

'j4 与 j5 的程序

注：类似 j1j2j3 程序，但布莱克情形下的自由度比标准情形下的自由度少一个。

```
'j6 的程序
vector (3) i
i (1) =1
i (2) =1
i (3) =1
vector
```

```
Aa = (1/om2) * @transpose(i - b) * @inverse(sig) * A(u - b * um) - um/(om2) * @transpose(i - b) * @inverse(sig) * (i - b)
vector Bb = (1 + (um^2)/om2) * @transpose(i - b) * @inverse(sig) * (i - b) - 1/(om2) * @transpose(u - b * um) * @inverse(sig) * (u - b * um)
scalar sAa = Aa (1)
scalar sBb = Bb (1)
scalar rr = - sBb/ (2 * saa)
vector (3) Arr
scalar arr1 = u1 - rr - b1 * (um - rr)
scalar arr2 = u2 - rr - b2 * (um - rr)
scalar arr3 = u3 - rr - b3 * (um - rr)
Arr (1) = arr1
Arr (2) = arr2
Arr (3) = arr3
vector sj6 = (T - N - 1)/N/(1 + (um - rr)^2/(om2)) * @transpose(Arr) * @inverse(sig) * (Arr)
scalar j6 = sj6 (1)
scalar pj6 = 1 - @cfdist (j6, N, T - N - 1)

'j7 的程序
matrix (3, 3) j7gmm
vector sj7 = @transpose(a) * @inverse(j7gmm) * (a)
scalar j7 = sj7 (1)
scalar pj7 = 1 - @cchisq (j7, N)
```

注：gmm 已经通过 eviews4.1 自动算出。

第6章 极值情形下商品期货市场的风险值估计

```
#m1 is the matrix (r) (1471 * 255)
n06 < -226; n < -1660 - n06;
mm < - numeric (length (n * n06));
m1 < - matrix (mm, nrow = n, ncol = n06);
for(i in 1:n06)m1[,i] < - x1[i:(n - 1 + i)];

#m2 is the mean (r) (n * 255)
z < - zoo(x1, c(1:(n + n06 - 1))); z1 < - rollapply(z, n, mean); index(z1) < - 1:n06;
m2 < - matrix (mm, nrow = n, ncol = n06);
for(i in 1:n06)m2[,i] < - rep(z1[i],n);
#qs is the sigma vector (sma)
m3 < - (m1 - m2) * (m1 - m2);
qs < - sqrt(colMeans(m3));
length (qs);

#qe is the sigma matrix (ewma)
my0 < - numeric (length (1 * n));
myy < - matrix (my0, nrow = 1, ncol = n);
for(i in 1:n)myy[1,(n + 1 - i)] < -0.94^(i - 1);
qe < - sqrt (0.06 * (myy% * % m3));

#qee is the sigma vector (ewma)
qee < - numeric (length (n06));
for(i in 1:n06)qee[i] < - qe[1,i];
```

```
dd < - data. frame (qs, qee);

#VaR of sma and ewma (1%)
vm2 < - numeric (length (n06));
for(i in 1:n06)vm2[i] < - m2[1,i];
cqs < - vm2 + qs * ( -2. 326);
cqee < - vm2 + qee * ( -2. 326);

#figure compare
par (mfrow = c (3, 2));
plot (qs, type ="l");
plot (qee, type ="l");
plot (cqs, type ="l");
plot (cqee, type ="l");
plot (x1, type ="l");

#arma (1, 1)  + garch (1, 1)
#gx1@ residuals is not same as residuals (gx1)
#gx1@ fit $ series $ z is the normalized r
#gx1@ sigma. t is the conditional standard deviation
gx1 < - garchFit(x1 ~ arma(1,1) + garch(1,1),x1,init. rec = c
("uev"));
x11 < - gx1@ residuals;

#go on the estimate of the sigma (sma and ewma)
#repeat the first procedure
rmm < - numeric (length (n * n06));
rm1 < - matrix (rmm, nrow = n, ncol = n06);
```

```
for( i in 1:n06)rm1[ ,i] < - x11[i:(n - 1 + i)];

rz < - zoo(x11,c(1:(n + n06 - 1)));rz1 < - rollapply(rz,n,
mean);index(rz1) < - 1:n06;
rm2 < - matrix (rmm, nrow = n, ncol = n06);
for( i in 1:n06)rm2[ ,i] < - rep(rz1[i],n);
rm3 < - (rm1 - rm2) * (rm1 - rm2);
rqs < - sqrt (colMeans (rm3));
length (rqs);

rmy0 < - numeric (length (1 * n));
rmyy < - matrix (rmy0, nrow = 1, ncol = n);
for( i in 1:n)rmyy[1,(n + 1 - i)] < - 0.94^(i - 1);
rqe < - sqrt (0.06 * (rmyy% * %rm3));

rqee < - numeric (length (n06));
for( i in 1:n06)rqee[i] < - rqe[1,i];
rdd < - data.frame (rqs, rqee);

rvm2 < - numeric (length (n06));
for( i in 1:n06)rvm2[i] < - rm2[1,i];
rcqs < - rvm2 + rqs * ( - 2.326);
rcqee < - rvm2 + rqee * ( - 2.326);

par (mfrow = c (3, 2));
plot (rqs, type = "l");
plot (rqee, type = "l");
plot (rcqs, type = "l");
```

```
plot (rcqee, type ="l");
plot (x11, type ="l");

#predict mu and sigma based on matrix (m1)
pmu < -numeric (length (n06));
psig < -numeric (length (n06));
pts < -ts (x1, start =1, frequency =1)
for(i in 1:n06){out < -garchFit(window(pts,i,i + n -1) ~ arma
(1,1) + garch(1,1),
    window (pts, i, i+n-1), init. rec =c ("uev"));
out1 < -predict(out,1);pmu[i] < -out1 $ meanForecast;psig
[i] < -out1 $ standardDeviation};

#estimates of quantile, estimates of par based on matrix (rm1)
#u estimate by meplot 255 times
tfen < -(4 * ((qt(0.99,4) * gamma(2) * sqrt(4 * pi)/gamma
(2.5))^0.4 -1))^0.5;
vartfen < -pmu + psig * (-tfen);

#block =21
#ymm matrix
length (x11);
grp < -floor (n/21);
ym < -numeric (length (n * n06));
ymm < -matrix (ym, nrow =n, ncol =n06);
fts < -ts (x11, start =1, frequency =1);
for(i in 1:n06)ymm[,i] < -window(fts,i,i + n -1);
#min matrix of ymm
```

```
ymin < -numeric (length (grp * n06));
ymmin < -matrix (ymin, nrow = grp, ncol = n06);
for (j in 1: n06) {for (i in 1: grp) {jend < -n - (i-1) *
21; jst < - jend - 21 + 1; ymmin [i, j] < - min (ymm [, j]
[jst: jend])}};
#block = 21
fmu < - numeric (length (n06)); fsig < - numeric (length
(n06)); fxi < -numeric (length (n06));
for (i in 1: n06) {out < - gev ( - 100 * ymmin [, i]); fmu
[i] < - -out $ par. ests [3];
    fsig[i] < -out $ par. ests[2];fxi[i] < -out $ par. ests[1]};
ffen < -numeric (length (n06));
for(i in 1:n06) ffen[i] < - fmu[i] + (fsig[i])/fxi[i] * (1 -
( -21 * log(0.99))^( -fxi[i]));
varffen < -pmu + psig * ffen;

#threshold = 0.012
#n variate with commodity
u < -numeric(length(n06));for(i in 1:n06)u[i] < -0.012;
nu < -numeric(length(n06));pfen < -numeric(length(n06));
betap < - numeric (length (n06)); xip < - numeric (length
(n06));
for (i in 1: n06) {out < -gpd ( -window (fts, i, i+n-1),
u [i]);
    nu[i] < - out $ n. exceed; betap[i] < - out $ par. ests
[2];xip[i] < -out $ par. ests[1]};
for(i in 1:n06) pfen[i] < -u[i] * 100 - (betap[i] * 100)/(xip
[i]) * (1 - (n * (1 - 0.99)/nu[i])^( -xip[i]))
```

```
varpfen < -pmu + psig * (-pfen);

#vr0 come from the latest 255 obs of x1
vr0 < -numeric (length (n06));
for (i in 1: n06) vr0 [i] < -x1 [n+i];
#Multivariate VaR plot
vmmm < -numeric (length (n06 * 6));
mmm < -matrix (vmmm, nrow = n06, ncol = 6);
for(i in 1:n06){mmm[i,1] < -vr0[i];mmm[i,2] < -cqs[i];
     mmm[i,3] < -cqee[i];mmm[i,4] < -vartfen[i];mmm
[i,5] < -varffen[i];mmm[i,6] < -varpfen[i]};
zmmm < -ts (mmm, start = 1, frequency = 1);
plot (zmmm, plot. type ="single", lty = 1: 6, col = 3: 8)

#backtest
y2 < -vr0 - cqs;
ny2 < -0;
for(i in 1:n06){if(y2[i] <0)ny2 < -ny2 +1};
y3 < -vr0 - cqee;
ny3 < -0;
for(i in 1:n06){if(y3[i] <0)ny3 < -ny3 +1};
y4 < -vr0 - vartfen;
ny4 < -0;
for(i in 1:n06){if(y4[i] <0)ny4 < -ny4 +1};
y5 < -vr0 - varffen;
ny5 < -0;
for(i in 1:n06){if(y5[i] <0)ny5 < -ny5 +1};
y6 < -vr0 - varpfen;
```

```
ny6 < -0;
for (i in 1: n06) {if (y6 [i] <0) ny6 < -ny6 +1};
ny2; ny3; ny4; ny5; ny6;
#Kupiec test statistic
p < -0.01; t < -n06; n < -ny2;
lry2 < - -2 * log(((1 - p)^(t - n)) * (p^n)) +2 * log(((1 -
(n/t))^(t - n)) * ((n/t)^n));
p < -0.01; t < -n06; n < -ny3;
lry3 < - -2 * log(((1 - p)^(t - n)) * (p^n)) +2 * log(((1 -
(n/t))^(t - n)) * ((n/t)^n));
p < -0.01; t < -n06; n < -ny4;
lry4 < - -2 * log(((1 - p)^(t - n)) * (p^n)) +2 * log(((1 -
(n/t))^(t - n)) * ((n/t)^n));
p < -0.01; t < -n06; n < -ny5;
lry5 < - -2 * log(((1 - p)^(t - n)) * (p^n)) +2 * log(((1 -
(n/t))^(t - n)) * ((n/t)^n));
p < -0.01; t < -n06; n < -ny6;
lry6 < - -2 * log(((1 - p)^(t - n)) * (p^n)) +2 * log(((1 -
(n/t))^(t - n)) * ((n/t)^n));
lry2; lry3; lry4; lry5; lry6;
#p - value?
#MSE compution
mse2 < - (1/n06) * sum (y2 * y2)
mse3 < - (1/n06) * sum (y3 * y3)
mse4 < - (1/n06) * sum (y4 * y4)
mse5 < - (1/n06) * sum (y5 * y5)
mse6 < - (1/n06) * sum (y6 * y6)
mse2; mse3; mse4; mse5; mse6;
```

··· 参考文献

[1] [美] 科斯、阿尔钦、诺斯等：《财产权利与制度变迁——产权学派与新制度学派译文集》，上海人民出版社 1994 年版。

[2] 赵新军、肖韶峰："对我国期货市场发展的经济学分析"，《西南民族大学学报（人文社科版）》2005 年第 12 期。

[3] 杨玉川：《现代期货期权创新与风险管理》，经济管理出版社 2002 年版。

[4] [英] 霍奇森：《现代制度主义经济学宣言》，北京大学出版社 1993 年版。

[5] 鲁瑞荣："中国期货市场监管探讨"，《特区经济》2005 年第 2 期。

[6] 郭晓利："论中国期货市场创新发展"，《国研网》2002 年 6 月 4 日。

[7] Colin A. Carter, Commodity futures markets: a survy, Australian journal of agricultural economics. 1999, 43 (2): 209 ~ 247.

[8] 殷晓峰、丁澄科："中国期货市场未来发展面临的挑战"，《上海综合经济》2001 年第 4 期。

[9] Markowitz, H., 1959, Portfolio Selection: Efficient Diversification of Investment, John Wiley, New York.

98 ~ 106.

[10] Sharpe, W., 1964, Capital Asset Prices: A Theory of Market Equilibrium under Conditions of Risks, Journal of Finance, 19, 425 ~ 442.

[11] Linter, J., 1965, Security Prices, Risk and Maximal Gains from Diversification, Journal of Finance, 20, 587 ~ 615.

[12] Samuelson, P., Proof that properly Anticipated Prices Fluctuate Randomly [J]. Industrial Management Review, 1965 (6): 41 ~ 49.

[13] Fama, E., 1965, The Behavior of Stock Markets Prices, Journal of Business, 38, 34 ~ 105.

[14] Black, F., and M. Scholes, 1972, The Valuation of Option Contracts and a Test of Market Efficiency, Journal of Finance, 27, 399 ~ 418.

[15] Fama, E., Efficient Capital Markets: A Review of Theory and Empirical Work [J]. Journal of Finance, 1970 (25), 383 ~ 417.

[16] Working, H., A random difference series for use in the analysis of time series, Journal of the American Statistical Association, 1934, 29: 11 ~ 24.

[17] Cowles, A., Jones, H., Some posteriori probabilities in stock market action, Econometrica, 1937, 5 (3): 280 ~ 294.

[18] Fama, E., Foundations of Finance, Basic Books, New York. 1976, 132 ~ 145.

[19] Cornell, B., Spot rates, forward rates and exchange market efficiency, Journal of Financial Economics 5, 1977, 55 ~ 65.

[20] Larson, Arnold B., Measurement of a random Process in Futures Prices. Food Research Instirute Studies, I (1960): 313 ~ 324.

[21] Praetz, D. , Testing the Efficient Market Theory on the Sydney Wool Futures Exchange. Autralia Economic Paper. 1975 (14): 240 ~249.

[22] Stevenson, R. and Bear, R. M. , Commodity Futures: Trends or RandomWalks? Journal of Finance, 1970 (25): 65 ~81.

[23] Weston, Rae. , Gold: A World Survey. New York: St. Martin's Press, 1983. 78 ~89.

[24] 徐剑刚:"我国期货市场有效性实证研究",《财贸经济》1995 年第 8 期。

[25] 王志强、徐亚范、朱丽红:"大连商品交易所市场有效性检验",《财经问题研究》1998 年第 12 期。

[26] 商如兵、伍旋:"期货市场有效理论与实证研究",《管理工程学报》2000 年第 4 期。

[27] 侯晓鸿、曾继民、李一智:"市场弱型有效实证检验方法研究",《管理工程学报》2000 年第 1 期。

[28] 程希骏、吴振翔、周晖:"中国股市 ST 板块弱有效性检验",《中国管理科学》2003 年第 4 期。

[29] Black, F. , M. Jensen, & M. Scholes (1972), The Capital Asset Pricing Modeling: Some Em -pirical Tests, in Jensen, M. (ed), Studies in the Theory of Capital Markets, Praeger, New York.

[30] Fama, E. , and J. MacBeth (1973), Risk, Return, and Equilibrium: Empirical Tests, Journal of Political Economy, 71, 607 ~636.

[31] Blume, M. and I. Firend (1973), A New Look at the Capital Asset Pricing Model, Journal of Finance, 28, 19 ~33.

[32] Basu, S. (1977), The Investment Performance of Common Stocks in Relation to Their Price to Earnings Ratios: A Test of The Efficient Market Hypothesis, Journal of Finance, 32, 663 ~682.

[33] Banz, R. (1981), The Relation between Return and Market Value of Common Stocks, Journal of Financinal Economics, 9, 3~18.

[34] 杨朝军、邢靖:“上海股票市场CAPM实证检验”,《上海交通大学学报》1998年第32期。

[35] 陈小悦、孙爱军:“CAPM在中国股市的有效性检验”,《北京大学学报》2000年第4期。

[36] 陈浪南、屈文洲:“资本资产定价模型的实证研究”,《经济研究》2000年第4期。

[37] 阮涛、林少宫:“CAPM模型对上海股票市场的检验”,《数理统计与管理》2000年第4期。

[38] 李和金、李湛:“上海股票市场资本资产定价模型实证检验”,《预测》2000年第5期。

[39] Bachelier, L., 1900, The Random Character of Stock Market Prices [M]. . Massachusetts Institute of Technology Press, Cambridge, 1964, Reprint. 134~145.

[40] Cowles, A., Can Stock Market Forecasters Forecast [J]. Econometrica, 1933 (1): 309~324.

[41] 刘俏:《市场的非有效性和行为金融》,田国强:《现代经济学与金融学前沿发展》,商务印书馆2002年版。

[42] Campbell, J. Y., A. W. Lo & A. C. MacKinlay., The Econometrics of Financial Markets [M]. Princeton University Press, Princeton, New Jersey, 1997. 35~35.

[43] 陆懋祖:《高等时间序列经济计量学》,上海人民出版社1999年版。

[44] Mills, T. C., The Econometric Modelling of Financial Time Series [M]. Cambridge University Press, 1999. 125~167.

[45] Chow K. V. and Denning K., A simple multiple variance ra-

tio test [J]. Journal of Econometrics, 1993 (58): 385 ~ 401.

[46] 张小艳、张宗成："期货市场有效性理论与实证检验"，《中国管理科学》2005 年第 6 期。

[47] 李经谋、童宛生：《中国期货市场运行机制》，中国财政经济出版社 1997 年版。

[48] Engle, R. F., Granger, C. W. J. (1987), Cointegration and Error Correction Representation, Estimation and Testing. Econometrica, 55, 251 ~ 276.

[49] Johansen, S. (1988): Statistical Analysis of Cointegration Vectors. Journal of Economic Dynamics and Control, 12, 231 ~ 254.

[50] Johansen, S. and Juselius, K. (1990): Maximum Likelihood Estimation and Inference on Cointegration with Application to the Demand for Money, Oxford Bulletin of Economics and Statics, 52, 169 ~ 210.

[51] Lai, K. and Lai, M. (1991), A Cointegration Test for Market Efficiency. Journal of Futures Markets, 11, 567 ~ 575.

[52] Ghosh, A. (1993), Cointegration and Error Correction Models: Intertemporal Causality between Index and Futures Prices, Journal of Futures Markets, 13, 193 ~ 198.

[53] Fortenbery, T. R. and Zapata, H. O. (1997), An Evaluation of Price Linkages between Futures and Cash Markets for Cheddar Cheese, Journal of Futures Markets, 17, 279 ~ 301.

[54] Kavussanos, M. and Nomikos, N. (1999), The Forward Pricing Function of Shipping Freight Futures market, Journal of Futures Markets, 19, 353 ~ 376.

[55] Haigh, M. S. (2000), Cointegration, Unbiased Expectation, and Forecasting in the BIFFEX Freight Futures Market, Journal of Futures Markets, 6, 545 ~ 571.

[56] MacDonald, R., and Taylor, M. (1988), Metals Prices, Efficiency and Cointegration: Some EvidencefromtheLondonMentalExchange, Bulletin of Economic Research, 40, 235 ~ 239.

[57] Sephton P. S. and Cochrane, D. K. (1990), A Note on the Efficiency of the London Metals Exchange, Economics Letters, 33, 341 ~ 345.

[58] Sephton P. S. and Cochrane, D. K. (1991), The Efficiency of the London Metals Excheanges: Another Look at the Evidence, Applied Economics, 23, 669 ~ 674.

[59] Chowdhury, A. R. (1991), Futures Market Efficiency: Evidence from Cointegration Test, The Journal of Futures Markets, 11, 577 ~ 589.

[60] Crowder, W. J., and Hamed, A. (1993), A Cointegration Test for Oil Futures Market Efficiency, The Journal of Futures Markets, 13: 933 ~ 941.

[61] Ying - Foon Chow (1988), Regime Switching And Cointegration Tests of The Efficiency of the Futures Markets, The Journal of Future Markets, 18, 871 ~ 901.

[62] Krehbiel, T., and Adkins, L. C. (1993), Cointegration Tests of the Unbiased Expections Hypothesis in Metals Markets, The Journal of Futures Markets, 13, 753 ~ 763.

[63] Hansen, L. P., &Hodrick, R. J. (1980), Forward Exchange Rates as OptimalPredictors of Futures Spot Rates. Journal of Political Economy, 88, 829 ~ 853.

[64] 张小艳、张宗成："关于我国农产品市场简单效率的研究"，《华中科技大学学报（社会科学版）》2005 年第 6 期。

[65] Grossman, Sanford J & Stiglitz, Joseph E. 1980, On the Impossibility of Informationally Efficient Markets. American Economic

Review, American Economic Association, vol. 70 (3), 393 ~408.

[66] 宋逢明:《金融工程原理》, 清华大学出版社 2003 年版。

[67] 约翰赫尔:《期权、期货和其它衍生产品》, 华夏出版社 2000 年版。

[68] 李楚霖:《金融分析及应用》, 首都经济贸易大学出版社 2002 年版。

[69] Jeffrey, Williams, Anne Peck, Albert Peck, and Scott Rozelle, The Emergence of a Futures Market: Mungbeans on the China Zhengzhou Commodity Exchange, Journal of Futures Markets, 1998, 18 (4), 427 ~448.

[70] Cornell, B., and M. Reinganum, Forwand and Futures Prices: Evidence from Foreign Exchange Markets, Journal of Finance, 36 (December 1981), 1035 ~1045.

[71] Park, H. Y., and A. H. Chen, Difference between Futures and Forward Prices: A Further Investigation of Marking to Market Effects, Journal of Futures Markets, 5 (February 1985), 77 ~88.

[72] French, K., A Comparison of Furures and Forward Prices, Journal of Financial Economics, 12 (November 1983), 311 ~42.

[73] Rendleman, R., C. Carabini, The Efficiency of the Treasury Bill Futures Markets, Journal of Finance, 34 (September 1979), 895 ~914.

[74] Keynes, J. M., A Treatise on Money. London: Macmillan, 1930. 89 ~112.

[75] Hicks, J. R., Value and Capital. Oxford: Oxford University Press, 1939. 89 ~95.

[76] Houthakker, H. S., Can Speculators Forecast Prices? Revies of Economics and Statistics, 39 (1957), 143 ~151.

[77] Telser, L. G., Futures Trading and the Storages of Cotton

and Wheat, Journal of Political Economy, 66 (June 1958), 233 ~255.

[78] Gray, R. W., The Search for a Risk Premium, Journal of Polical Economy, 69 (June 1961), 250 ~260.

[79] Dusak, K., Futures Trading and Investor Returns: An Investigation of Commodity Risk Premium, Journal of Political Economy, 81 (December 1973) 1387 ~1406.

[80] Chang, E. C., Returns to Speculators and the Theory of Normal Backwardation, Journal of Finance, 40 (March 1985), 193 ~208.

[81] Brennan, M. J. (1986), A Theory of Prices Limits in Furures Markets, Journal of Financial Economics, 16: 213 ~233.

[82] Ackert, L. F., Hunter, W. C. (1989): Tests of a Simple Optimizing Model of Daily Price Limits on Futures Contracts, Working Paper, Emory University and Federal Reserve Bank of Atlanta.

[83] Kodres, L. E., O'Brien, D. P. (1991), The Existence of Pareto Superior Price Limits and Trading Halts, Working Paper, University of Michigan School of Business Administration and Department of Economics.

[84] Monroe, M. (1983), On the Estimation of Supply and Demand Functions: The Case of Interest Rate Futures, Research in Finance, 4: 91 ~122.

[85] Khoury, S. J., and Jones, G. L. (1984), Daily Price Limits on Futures Contracts: Nature, Impact and Justification, Revies of Research in Futures Markets, 3: 22 ~36.

[86] Gordon, J. D., Kuhn, B., Kuserk, G., and Moriarity, E. (1988), Daily Price Limits, Working Paper, Commodity Futures Trading Commission Division of Economic Analysis. 1 ~26.

[87] Isaac, R. M., Plott, C. R. (1981), Price Controls and

the Behavior of Auction Markets: An Experimental Examination, American Economics Review, 71: 448 ~ 459.

[88] Smith, V. L., and Williams, A. W. (1981), On Nonbinding Price Controls in a Competitive Market, American Economic Review, 71: 467 ~ 474.

[89] Coursey, D. L., Dyl, E. A. (1990), Price Limits, Trading Suspensions and the Adjustment of Prices to New Information, Review of Futures Markets 9: 342 ~ 360.

[90] Burghardt, G. (1988), Commentary, Review of Futures Markets, 7: 172 ~ 174.

[91] Ma, C. K. (1991), The Information Content of Price Limit Moves, Working Paper, Texas Tech University Department of Finance. 1 ~ 22.

[92] Black, F., M. Scholes, The Pricing of Options and Corporate Liabilities, Journal Political Economy, 81 (May - June 1973), 637 ~ 659.

[93] Black, F., The Pricing of Commodity Contracts, Journal of Financial Economics, 3 (March 1976), 167 ~ 179.

[94] Rubinstein, M. (1976), The valuation of Uncertain Income Streams and the Pricing of Options. Bell Journal of Economics and Management Science, 7: 407 ~ 425.

[95] Linter, J. (1965), The Valuation of Risky Assets and the Selection of Risky Investment in Stock Portfolios and Capital Budgets, Reviews of Economics and Statistics, 47, 13 ~ 37.

[96] Black, F. (1972), Capital Market Equilibrium with Restricted Borrowing, Journal of Business, 45, July, 444 ~ 454.

[97] Anderson, T. (1984), An Introduction to Multivariate Statistical Analysis (2nd ed.), John Wiley and Sons, New York. 342 ~

357.

[98] Muirhead, R. (1983), Aspects of Multivariate Statistical Theory, John Wiley & Sons, New York. 298 ~ 321.

[99] MacKinlay, A. C. (1987), On Multivariate Tests of the CAPM, Journal of Financia Econo - mics, 18, 341 ~ 372.

[100] Gibbons, M., S. Ross, J. Shanken (1989), A Test of The Efficiency of a Given Portfolio, Econometrica, 57, 1121 ~ 1152.

[101] Jobson, D., R., Korkie (1982), Potential Performamce and Tests of Portfolio Efficiency, Journal of Financial Economics, 10, 433 ~ 466.

[102] Kandel, S. (1984), The Likelihood Ratio Test of Mean - Variance Efficiency without a Riskless Asset, Journal of Financial Economics, 13, 575 ~ 592.

[103] Shanken, J. (1986), Testing Portfolio Efficiency When the Zero - Beta Rate Is Unknown, Journal of Finance, 41, 268 ~ 276.

[104] Baattberg, R., N., Gonedes (1974), A comparision of Stable and Student Distributions as Statistical Models for Stock Prices, Journal of Business, 47, 244 ~ 280.

[105] MacKinlay, A. C., and M. Richandson (1991), Using Generalized Methods of Moments to Test Mean - Variance Efficiency, Journal of Finance, 46, 511 ~ 527.

[106] Fama E., and K. French (1992), The Cross - Section of Expected Stock Returns, Journal of Finance, 47, 427 ~ 465.

[107] Fama E., and K. French (1993), Common Risk Factors in the Returns on Stocks and Bonds, Journal of Financial Economics, 33, 3 ~ 56.

[108] DeBondt, W., R. Thaler (1985), Does the Stock Market Overreact?, Journal of Finance, 40, 793 ~ 805.

[109] Jegadeesh, N., and S. Titman (1993), Returns to Buying Winners and Selling Losers: Implications for Stock Market Efficiency, Journal of Finance, 48, 65~91.

[110] Fama, E. (1991), Efficial Capital Markets: Ⅱ, Journal of Finance, 46, 1575~1618.

[111] Lo, A., and A. C. MacKinlay (1990b), Data - Snooping Biases in Tests of Financial Asset Pricing Models, Review of Financial Studies, 3, 431~468.

[112] Kothari, S., J. Shanken & R. Sloan (1995), Another Look at the Cross - Section of Returns, Journal of Finance, 50, 185~224.

[113] Roll, R. (1977), A Critique of the Asset Pricing Theory's Test: Part Ⅰ, Journal of Finan - cial Economics, 4, 129~176.

[114] Stambaugh, R. (1982), On the Exlusion of Assets from Tests of the Two Rarameter Model, Journal of Financial Economics, 10, 235~268.

[115] Kandel, S., and R. Stambaugh (1987), On Correlations and Inferences about Mean Variance efficiency, Journal of Financial Economics, 18, 61~90.

[116] Shanken, J (1987a), Multivariate Proxies and Asset Pricing Relations: Living with the Roll Critique, Journal of Financial Economics, 18, 91~110.

[117] 欧阳日辉："监管制度创新与中国期货市场发展"，《中国社会科学院研究生院学报》2005 年第 6 期。

[118] 王君："金融监管机构设置问题的研究"，《经济社会体制比较》2001 年第 1 期。

[119] 朱宝宪、唐淑晖："基于功能观点的金融体系改革理论"，《经济学动态》2001 年第 8 期。

[120] 董长安、穆维松、许彪等:“构建我国期货市场监管新体制”,《期货日报》2000 年 12 月 13 日。

[121] 田晓军:“期货新品种上市机制研究”,《证券市场导报》2005 年 9 月 17 日。

[122] 郭鸿、汪江:“完善机制开拓创新——我国期货品种上市机制现状分析”,《期货日报》2002 年 5 月 9 日。

[123] 张群群:“电子交易与期货交易所的组织变革”,《财贸经济》2000 年第 12 期。

[124] 张维、张建刚:“中美期货市场自律管理体系比较研究”,《哈尔滨工业大学学报(社会科学版)》2005 年第 9 期。

[125] 苏东荣:“世界主要期货市场监管模式及其比较研究”,《财经理论与实践》1997 年第 3 期。

[126] 胡孝红:“金融期货与期权市场监管制度初探”,《武汉大学学报(人文社会科学版)》2000 年第 4 期。

[127] 马良华、吕瑜:“中国期货市场的监管体制及其改革”,《浙江金融》2003 年第 11 期。

[128] 陈凤琴:“期货行业协会法律规制研究”,《商业研究》2003 年第 8 期。

[129] 袁涛:“谈期货市场自律管理的法律地位”,《经济经纬》2000 年第 2 期。

[130] 中国证监会期货监管部:《中国期货市场专题研究》,中国财政经济出版社 2000 年版。

[131] 张建刚:“期货市场自律监管体系比较与借鉴”,《武汉理工大学学报(社会科学版)》2005 年第 10 期。

[132] IOSCO. Objectives and Principles of Securities Regulation [EB/ OL]. http: / / www. iosco. org. 2003 (10).

[133] Jorion P., Risk: Measuring the Risk in Value at Risk [J]. Financial Analysts Journal, 1996 (Noverber December):

47 ~ 56.

[134] Zangari P., A Var Methodology for Portfolios that include Options [J]. Risk Metrics Monitor, 1996, (First quarter): 4 ~ 12.

[135] Minal J, UlmerA., Delma – Gamma four ways [Z]. Newyork: Risk Metric Group, 1999. 153 ~ 164.

[136] Pichler S, Selitschk. A Comparision of Analytical Var Methodologies for Portfolios that include Options [Z]. Technical Document, TU Wien, 1999. 147 ~ 186.

[137] Wiener Z. Comment on Nonlinear Value at Risk [J]. European Finance Review, 1999, 2: 189 ~ 193.

[138] Mandelbort, B., The variation of certain speculative price, Journal of Business, Vol. 36, 1963, 394 ~ 419.

[139] J. P. Morgan, 1995, Riskmetrics Technical Manual, New York.

[140] Jenkinson, A. F., The Frequency Distribution of The Annual Maximum (or minimum) Values of Meteorological Elements. Quarterly Journal of the Royal Meteorological Society, 1955 (81), 158 ~ 171.

[141] Smith, R. L., Maximization Likelihood Estimation in A Class of Non – regular Cases, Biometrika, 1985 (72), 67 ~ 90.

[142] Gumbel, E. J., 1958, Statistics of Extremes. Columbia University Press, New York.

[143] Danielsson, J., and C. G. de Vries, Tail Index and Quantile Estimation with Very High Frequency Data, Journal of Empirical Financial, 1997, Vol. 4, 241 ~ 257.

[144] Pickands, J., Statistical inference using extreme order statistics, Annals of Statistics, 1975 (3), 119 ~ 131.

[145] Hill, B. M. , A Simple General Approach to Inference

About The Tail of A Distribution. Annual of Statistics, (1975 (3), 1163~1173.

[146] Dekkers, A. L. M., and L. De Hann, On the Estimation of Extreme Value Index and Large Quantile Estimation, Annals of Statistics, 1989 (17), 1795~1832.

[147] Goldie, C. M., and Smith, R. L., Slow variation with remainder: Theory and applications. Quarterly Journal of Mathematics, 1987 (38), 45~71.

[148] Zivot, E. and Wang, J., 2003, Modeling Financial Time Series with S-plus. Springer-Verlag, New York.

[149] Hamilton, J., 1994, Time Series Analysis. Princeton: Princeton University Press.

[150] Bollerslev , T., A Conditionally Heteroskedasticity Time Series Model for Speculative Prices and Rates of Return, Review of Economics and Statestics, 1986, Vol. 69, 542~547.

[151] Englel, R. F., Autoregressive Conditional Heteroscedasticity with Estimates of The Variance of United Kingdom Inflation, Econometrica, 1982 (50), 987~1007.

[152] McNeil, A. J., and R. Frey, Estimation of Tail-related Risk Measures for Heteroscedastic Financial Time Series: An Extreme Value Approach, Journal of Empirical Finance, 2000 (7), 271~300.

[153] Berkowitz, J., and J. O'Brien, How Accurate Are Value-at-risk Model at Commercial Banks?, The Journal of Finance, 2002, Vol. 57 (3), 1092~1111.

[154] Embrechts, P., Kluppelberg, C., and Mikosch, T., 1997, Modeling Extremal Events for Insurance and Finance, Springer, Berlin.

[155] Coles, S., 2001, An Introduction to Statistical Modeling of Extreme Values. Springer – Verlag, New York.

[156] 王春峰：《金融市场风险管理》，天津大学出版社 2003 年版。

[157] Dupuis L. A., 1998, The Effect of Various Silvicultural Treatments on Amphibian Assemblages of The Robert's Creek Watershed, Ministry of forests, Vancouver Region, Interim Report.

[158] McNeil A., Estimating the Tails of Loss Severity Distributions Using Extreme Value Theory, ASTIN Bulletin, 1997 (27) 117 ~137.

[159] Kupiec, P. H., Techniques for Verifying the Accuracy of Risk Measurement Models, Journal of Derivatives, 1995, Vol. 3, 73 ~ 84.

[160] Ruey S. Tsay, 2002, Analysis of Financial Time Series, A John Wiley & Sons, Inc., 307 ~ 308.

[161] DuMouchel W. M., Estimationg the Stable Index in order to Measure Tail Thickness: A Critique, Annals of Stastistics, 1983 (11), 1019 ~ 1031.

[162] Embrechets, P., 1999, Extreme Value Theory: Potential and Limitations as an Integrared Risk Management Tool, preprint.

[163] 花俊洲、吴冲锋："VaR 估计模型的变动性与估计精度研究"，《第二届金融学年会入选论文》。

后 记

本书凝聚了许多人的心血。首先感谢尊敬的张宗成老师对我在攻读博士期间学习上、生活上的关心帮助，本书从选题到最后定稿，每一步都凝结了恩师的教诲。恩师以其敏锐的思维能力、严谨治学和诲人不倦的精神，激励我、鼓舞我，使我在学业上不敢有所懈怠，从而不断探索、深入研究，以期不辜负老师的厚望。特别感谢齐明亮师兄在期货方面的前期研究工作，使我在接下来的研究中积累了大量的资料。

在本书的撰写过程中，感谢李楚霖教授在金融理论方面的帮助，感谢唐齐鸣教授、王少平教授、田新时教授和周少甫教授在计量方面的指导。感谢我的朋友危惠慧、凌士勤、李梦玄等在一起研讨有关学术问题，打开了我的思路，让我从中得到很多启发。

感谢家人所给予我的无私帮助和关爱，让我的生活充满了动力。特别感谢我挚爱的父亲，相信他一定会为今天的我深感欣慰。

最后，在本书付印之际，谨对上述指导、帮助和关心过我的各位师长、同窗和家人致以最衷心的感谢！